Lehrerband

Unterrichtssequenzen
mit Stundenbildern und Kopiervorlagen

Leben gestalten

Unterrichtswerk für den katholischen
Religionsunterricht in der 9. Jahrgangsstufe am Gymnasium

Herausgegeben von Bernhard Gruber

Erarbeitet von Barbara Frey, Georg Glöbl, Bernhard Gruber,
Claudia Leuser und Karlheinz Nebel

Auer Verlag GmbH

Hinweise für die Benutzung der Begleit-CD:

Die beiliegende CD-ROM ist keine Audio-CD und kann folglich nicht mit einem CD-Player abgespielt werden.

Wenn Sie die CD einlegen, startet sie mittels *autorun* von selbst. Sollte jedoch diese Funktion bei Ihrem Gerät abgeschaltet sein, so öffnen Sie bitte über das CD-ROM-Laufwerk die Datei „index.htm".

Wird im Buch auf Materialien der CD verwiesen, so finden Sie an den entsprechenden Stellen ein CD-Symbol.

Die Bildmaterialien werden jeweils in zweifacher Form in hoher Auflösung angeboten: Die PDF-Bilder lassen sich meist automatisch mit einem Adobe-Acrobat-Reader öffnen. Sollte Ihr Computer nicht über einen Acrobat-Reader verfügen, dann können Sie sich einen für Ihren Computer passenden unter: www.adobe.de kostenfrei herunterladen.
Die PDF-Bilder können auf einer DIN-A4-Seite ausgedruckt und zusätzlich beim Ausdruck vergrößert werden. Öffnen Sie dazu das Menü Datei und wählen Sie Drucken. Klicken Sie dann auf der rechten Seite des Fensters „Kleine Seite auf Seitengröße vergrößern" an. Wenn Sie die Bilder verkleinern wollen, klicken Sie bitte entsprechend auf „Große Seite auf Seitengröße verkleinern".

Gedruckt auf umweltbewusst gefertigtem, chlorfrei gebleichtem
und alterungsbeständigem Papier.

1. Auflage 2009
Nach den seit 2006 amtlich gültigen Regelungen der Rechtschreibung
© by Auer Verlag GmbH, Donauwörth
Alle Rechte vorbehalten.
Das Werk und seine Teile sind urheberrechtlich geschützt. Jede Nutzung in anderen als den gesetzlich zugelassenen Fällen bedarf der vorherigen schriftlichen Einwilligung des Verlages. Hinweis zu § 52 a UrhG: Weder das Werk noch seine Teile dürfen ohne eine solche Einwilligung eingescannt und in ein Netzwerk eingestellt werden. Dies gilt auch für Intranets von Schulen und sonstigen Bildungseinrichtungen.
Zeichnungen: Steffen Jähde, Berlin, Gretje Witt, Düsseldorf
Satz: Fotosatz H. Buck, Kumhausen
Druck und Bindung: Aubele Druck GmbH, Bobingen
ISBN 978-3-403-04966-1

www.auer-verlag.de

Inhalt

Hinweise für die Benutzung der Begleit-CD, Abkürzungen 2

Vorwort 5

I. Exodus, Dekalog und Propheten: Gott schenkt Freiheit und fordert Gerechtigkeit 6

1. Bilddoppelseite 6
2. Die wichtigste Erfahrung von Unfreiheit und Befreiung im Alten Testament 7
3. Historisches 8
4. Das Schlüsselerlebnis 10
5. Die Rettung am Schilfmeer 11
6. Ein Anfang, der weiterwirkt 13
7. Exkurs: Sklaven afrikanischer Herkunft in Nordamerika/Spirituals 14
8. Der Dekalog (1) 15
9. Der Dekalog (2) 16
10. Der Dekalog (3) 18
11. Der Prophet Amos 19
12. Kritik im Namen Gottes 20
13. Martin Luther King 21
14. Oscar A. Romero – ein Prophet des 20. Jahrhunderts 22
15. Eigene Möglichkeiten, „prophetisch" zu leben 23
    Zusammenfassung/Grundwissen 24

Materialien 25

II. Das Judentum: Weltreligion und Wurzel des Christentums 36

1. Bilddoppelseite 36
2. Spurensuche 36
3. Jahwe als treuer Bündnisgott und als Garant menschlicher Freiheit 36
4. Die Tora als Orientierung für das Leben .. 37
5. Jerusalem und das von Gott geschenkte Land mit Exkurs „Israel im Brennpunkt politischer Konflikte in der Gegenwart" ... 38
6. Der jüdische Festkalender – Das Pessachfest als ein Höhepunkt des jüdischen Festkalenders 39
7. Die „Wonne des Schabbat" – Feiern auf dem Lebensweg eines Juden 39
8. Glaube und Alltag 40
9. Jesus als gläubiger und als streitbarer Jude . 41
10. Der Ursprung des Konflikts zwischen Judentum und Christentum und seine Folgen für die junge christliche Gemeinde . 41
11. Die Verfolgung der Juden im Mittelalter ... 42
12. „Die Erinnerung ist eine Pflicht gegenüber den Toten" 43
13. Auf dem Weg zum Miteinander: Das Schuldbekenntnis von Papst Johannes Paul II. 43

Materialien 45

III. Kirche und die Zeichen der Zeit: Bedrängnis, Aufbruch und Bewahrung 66

1. Bilddoppelseite 66
2. Kampf gegen die Kirche in Diktaturen des 20. Jahrhunderts 66
3. Hitler – ein Machthaber im Dienste Gottes? 67
4. Katholische Jugend im Würgegriff 67
5. Mit brennender Sorge – die Kirche wehrt sich 69
6. Nationalsozialismus kontra Christentum ... 69
7. Christliche Überzeugung unerwünscht ... 70
8. Gesellschaft im Wandel – Schulmesse und Rosenkranz 70
9. Das Zweite Vatikanische Konzil 71
10. Schwerpunkte der Konzilsberatungen 71
11. Die Würzburger Synode 71
12. Zwischen Tradition und Aufbruch: Kirche auf dem Weg ins 3. Jahrtausend 72
13. Zwischen Tradition und Aufbruch: Kirche auf dem Weg zu einer neuen Einheit 72

Materialien 74

IV. Zwischen Öffentlichkeit und Intimität: Freundschaft, Liebe und Sexualität 88

1. Bilddoppelseite 88
2. Liebe und Sex – persönlich und öffentlich . 89
3. Alles nur Chemie? 90

4. Formen der Liebe und Dimensionen der
   Sexualität 90
5. Stufen der Zärtlichkeit 91
6. Aussagen der Kirche zu Sexualität und
   Partnerschaft 92
7. Die Sprache der Liebe im Alten Testament . 93
8. Die Sprache der Liebe im Neuen Testament 93
9. Die Sprache der Liebe in literarischen Texten 94
10. Homosexualität und Partnerschaft 94
11. Missbrauch von Sexualität 95
12. Schwangerschaftskonflikt und Abtreibung . 96
13. Aids – „die größte Tragödie der
    Menschheit"..................... 98

Materialien........................ 99

V. Schule, Abitur, Beruf – wozu? 106

1. Bilddoppelseite................... 106
2. Die entgegengesetzte Richtung ... die
   richtige Richtung?................. 106
3. Höherer Schulabschluss als Chance –
   Ein Rollenspiel................... 107
4. Schüler sein – ein Geben ... und Nehmen.. 107
5. Nebenberuf Jobben ... Methode Interview . 108
6. Das Ansehen verschiedener Berufe –
   damals und heute.................. 108
7. Beruf und Religion: Spannungsfelder
   zwischen Berufsausübung und christlicher
   Ethik........................... 109
8. Wirtschaftsethik – Reflexion über moralische
   Aspekte wirtschaftlichen Handelns........ 109
9. Aspekte der katholischen Soziallehre...... 110
10. Beruf und Berufung: Die eigenen Stärken
    entdecken....................... 111
11. Eine Mutmacher-Geschichte – Mut zu
    Visionen........................ 111
12. Was zählt im Leben? Kriterien für Berufs-
    wahl und Berufsausübung: Denkanstöße .. 112
13. Berufswahl und Berufsausübung:
    Denkanstöße aus dem Glauben 113
14. Methode: Zielscheibe – Meditative
    Ding-Übung...................... 113
15. Realisierbarkeit christlicher Grundanliegen
    in der Berufswelt?.................. 114

Materialien........................ 115

Bildnachweis...................... 126

Textnachweis...................... 126

Abkürzungen:

AA	Arbeitsauftrag/Arbeitsaufträge
AB	Arbeitsblatt
aGA	arbeitsteilige Gruppenarbeit
DS	Doppelseite
EA	Einzelarbeit
F	Folie
GA	Gruppenarbeit
GL	Gotteslob
HA	Hausaufgabe
HE	Hefteintrag
L	Lehrer/-in
LE	Lehrererzählung
LSG	Lehrer-Schüler-Gespräch
LV	Lehrervortrag
LZK	Lernzielkontrolle
M	Material
PA	Partnerarbeit
RU	Religionsunterricht
S	Schüler/-innen
SV	Schülervortrag
TA	Tafelanschrift/Tafelanschrieb
TB	Tafelbild
TLP	Tageslichtprojektor
TN	Teilnehmer
UG	Unterrichtsgespräch
UW	Unterrichtswerk
CD	CD-Rom (◎)

Vorwort

Liebe Kolleginnen und Kollegen,

wir freuen uns, dass Sie mit „Leben gestalten" unterrichten, und hoffen, Ihnen mit diesem Handbuch die tägliche Vorbereitung erleichtern zu können.

Natürlich gibt es viele Möglichkeiten, ein Lehrplanthema aufzubereiten, und je nach Klassensituation bzw. Lehrerpersönlichkeit kann mal der eine, mal ein ganz anderer Weg pädagogisch erfolgversprechend scheinen. So erhebt dieses Handbuch auch nicht den Anspruch eines Königswegs. Oft werden Sie eigene Ideen und Materialien in Ihre Arbeit mit „Leben gestalten" einbauen und damit Ihrem Unterricht sein unverwechselbares Profil geben. Das Handbuch will Ihnen hierzu zusätzliche Anregungen geben. In Zeiten, in denen Sie mit anderweitigen Aufgaben überlastet sind, ermöglicht es Ihnen darüber hinaus aber auch einmal eine etwas schnellere Unterrichtsplanung.

Wir haben darauf geachtet, dass bei aller notwendigen formalen Vereinheitlichung die pädagogisch-didaktische Handschrift des jeweiligen Autors erkennbar bleibt, um die Bandbreite, innerhalb derer zeitgemäßer Religionsunterricht heute erfolgen kann, nicht unnötig zu beschneiden.

Wir wünschen Ihnen und Ihren Schülerinnen und Schülern viel Freude bei einem abwechslungsreichen, lebensnahen, christliche Orientierung ermöglichenden Religionsunterricht!

Die Autoren

I. Exodus, Dekalog und Propheten: Gott schenkt Freiheit und fordert Gerechtigkeit

Vorbemerkung:

Der Lehrplanabschnitt 9.1 beinhaltet ein sehr umfangreiches Thema. Im Kapitel des Buches werden alle Vorgaben des Lehrplans berücksichtigt, ja es wird sogar mit der Doppelseite „Sklaven afrikanischer Herkunft in Nordamerika/Spirituals" (S. 20/21) über die Lehrplanvorgaben hinaus ein interessanter Exkurs zur Wirkungsgeschichte der Exodustradition angeboten, dessen Besprechung im Unterricht selbstverständlich im Ermessen der L liegt. Des Weiteren heißt es im Lehrplan zum Dekalogteil: „... ursprüngliche und heutige Bedeutung einzelner Weisungen", so dass auch hier aus dem im Buchkapitel angebotenen Material eine Auswahl getroffen werden kann. Da im Lehrplanabschnitt zu den Propheten vor den Angaben der Bibelstellen „z.B." steht, ist hier die Bearbeitung der DS „Methode" (S. 32/33) keine unabdingbare Pflicht. Ebenso mit „z.B." eingeführt sind im Lehrplan M. L. King und O. Romero, so dass auch hier ein Schwerpunkt genügt. Zudem können die einleitende Bilddoppelseite (S. 6/7) und das Thema „Heutige Formen von Unterdrückung" (S. 8/9) problemlos in einer Schulstunde behandelt werden. Also kann bei Zeitknappheit auch dieses umfangreiche Lehrplanthema durch die angegebenen Reduktionsmöglichkeiten in einer durchaus überschaubaren Stundenzahl durchgenommen werden, ohne Vorgaben des Lehrplans zu vernachlässigen.

1. Bilddoppelseite (S. 6/7) und „Heutige Formen von Unterdrückung" (S. 8/9)

Lernziele:

Die Schüler

- werden durch Betrachtung und Erschließung der Bilddoppelseite auf das neue Thema eingestimmt.
- lernen heutige Formen direkter Unterdrückung kennen.
- denken über heutige Formen indirekter Unterdrückung nach und fühlen sich in die Lage der Betroffenen ein.

Hinweise für den Unterrichtsverlauf:

Vorbereitung:

L informiert sich über das Bild S. 9: Mit Sack und Pack

Erschließen der Bilddoppelseite:

Die beiden Bildseiten zu Beginn des Kapitels dienen der Einstimmung in das neue Thema. Die S erhalten genügend Zeit, die DS zunächst einmal auf sich wirken zu lassen. Dann können sie ihre Assoziationen zum Hintergrund (z. B. Wüste, Weite, karg, öde, Hitze u. ä.) sowie zu den einzelnen Bildern zusammentragen. Eine genaue Deutung der Bilder ist zu diesem Zeitpunkt nicht nötig und nicht erwünscht (v.a. auf das Fahrrad S. 7, rechts unten sollte in dieser Phase der Stunde eher flüchtig eingegangen werden, da es im weiteren Verlauf noch eine Rolle spielen wird). Um im nächsten Schritt die geäußerten Assoziationen themenbezogen zu bündeln, verweist L auf das auf S. 6 links oben abgedruckte Thema, stellt die Frage, was die S unter „Exodus", „Dekalog" und „Propheten" verstehen, was diese biblischen Begriffe ihrer Ansicht nach mit „Freiheit" und „Gerechtigkeit" zu tun haben könnten und lässt die Bildelemente diesen Begriffen zuordnen. Leicht wird die Wüstenlandschaft im Hintergrund, das Bild mit den arbeitenden Männern (S. 7, Mitte), das Bild mit den durch das rote(!) Meer ziehenden Menschen (S. 6, Mitte) und Chagalls „Mose vor dem brennenden Dornbusch" mit „Exodus" bzw. „Freiheit" in Verbindung gebracht. Das Bild mit dem rufenden Mann (S. 7, oben) wird Assoziationen zum Begriff „Propheten" wecken. Die Karikatur mit dem Mann im „Hamsterrad" (S. 6, unten) könnten die S mit „(Un-)Freiheit", das Foto mit nach Hautfarbe getrennten Trinkstellen (S. 7, rechts oben) mit „(Un-)Gerechtigkeit" in Verbindung bringen – ohne dabei jedoch direkte Bezüge zu den Bibelthemen herstellen zu können. Das ist auch beabsichtigt, denn die S sollen schon zu Beginn ahnen, dass das neue Thema kein rein innerbiblisches ist. Darauf verweist auch das schon erwähnte Fahrrad (S. 7, rechts unten).

Erarbeitung 1:

Nach dieser Einstimmung in das neue Thema rekapituliert L unter Bezug auf die beiden Bilder S. 7, Mitte und rechts oben, dass es im Altertum, aber auch in späteren Zeiten verschiedene Formen von Sklaverei gab und stellt die Frage, welche Arten heutiger Sklaverei die S kennen. Erfahrungsgemäß sind diese sich weder über den Umfang noch über die vielfältigen Formen heutiger Sklaverei bewusst, so dass die Informationen dazu auf S. 8 auf Überraschung und Interesse stoßen. Bei der abschnittsweisen Lektüre dieser Seite erhalten die S jeweils Gelegenheit, sich dazu zu äußern und evtl. durch eigene Beiträge zu ergänzen.

Zu AA 2 (S. 8): Mögliche Motive: Geldgier; Gewinnsucht; Machthunger; Lust, andere zu demütigen

I. Exodus, Dekalog und Propheten: Gott schenkt Freiheit und fordert Gerechtigkeit

Als *Ergebnissicherung 1* lässt L unter der Überschrift „Heutige Formen von Unterdrückung" unter der Rubrik „Direkte Unterdrückung" die S die bislang im Unterricht thematisierten Formen wählen, die sie für die massivsten und empörendsten halten. Bei diesem Auswahlverfahren bleibt zugleich der Überblick gewahrt und durch die entstehende Gelegenheit zum wertenden Gespräch wird auch die affektive Ebene berührt.

Erarbeitung 2:

Durch die kurze Überleitung S. 9 wird klar, dass es im Folgenden um subtilere Formen indirekter Unterdrückung geht.

Zu **AA 1** (S. 9): Hintergrundinformationen und eine genaue Beschreibung des Fahrrades findet L auf der CD-ROM.

Zu **AA 2** (S. 9): Ein mögliches Szenario zu entwerfen, bleibt natürlich der Vorstellungskraft der S überlassen. Denkbar wäre: Der Arbeitsplatz wird „wegrationalisiert" – Scheidung und Unterhaltszahlungen – evtl. zunehmender Alkoholkonsum aus Verzweiflung – Arbeitslosengeld bzw. Sozialhilfe reichen nicht – Miete kann nicht bezahlt werden – Wohnung wird gekündigt (keiner dieser Faktoren ist illegal!)

Zu **AA 3** (S. 9): Für L ist wohl eine authentische Schilderung am hilfreichsten. Sie stammt von der Fotografin Karin Powser, die selbst viele Jahre im Obdachlosenmilieu lebte: *„Unsere Clique besteht aus ungefähr vier bis fünf weiblichen Pennerinnen und zehn bis fünfzehn männlichen Pennern. Das Alter zwischen 17 und 50 Jahren. Meistens sind es verkrachte Existenzen (Scheidung, Arbeit verloren, Frau gestorben). Viele, so wie ich, wurden durch Heime vorprogrammiert. Es stoßen auch heute immer wieder Personen zu uns, die aus Heimen ausgerissen sind oder die ihren Knasturlaub verlängern. Diskriminierungen gibt es bei uns nicht. Die Pennerin ist genauso gewertet wie der Penner. Wenn wir uns so zwischen 6 und 8 Uhr treffen, fängt gleich das Saufen an. Das Geld für die Bombe (2-Ltr.-Weinflasche) wird meist vom Tag vorher gebunkert. Zwischendurch gehen einige auf eine öffentliche Toilette, um sich frisch zu machen. Wir Frauen waschen uns auch unter kaltem Wasser die Haare. Die Toilettenutensilien tragen wir stets bei uns oder sie werden in einem Schließfach eingeschlossen. Die Stadtstreicher, die im Männerwohnheim übernachtet haben, bringen uns Brot und Aufschnitt mit. Ein paar männliche Penner machen dann an verschiedenen Stellen Sitzung (mit Schild und Hut am Straßenrand sitzen). Das zusammengebettelte Geld kommt in den Pott. ... An eine Resozialisierung ist nicht zu denken. Die meisten leben schon Jahre auf der Straße und wollen sich nicht mehr ändern. Sie haben sich aufgegeben. Sie haben keinen Mut mehr zu einem sozialen Aufstieg. Ich kann es auch gut verstehen. Denn wer will schon einem Penner Wohnung und Arbeit geben. Vor allem macht ein Penner sowieso keinen Anfang zur Eingliederung in die Gesellschaft – so wie auch keiner auf uns zukommt und uns an der Hand nimmt, um den Weg zu zeigen, wo es lang geht."* (Ch. Swientek, Das trostlose Leben der Karin P.)

Zu **AA 4** (S. 9): Mögliche andere Formen indirekter Unterdrückung: Mobbing am Arbeitsplatz; Forderung von Höchstleistungen und langen Arbeitszeiten; Psychoterror in Familien; Gruppenzwang in der Clique

Wieder können als *Ergebnissicherung 2* diejenigen Formen indirekter Unterdrückung festgehalten werden, die die S für besonders schlimm halten.

2. Die wichtigste Erfahrung von Unfreiheit und Befreiung im Alten Testament (S. 10/11)

Lernziele:

Die Schüler

– lernen vier alttestamentliche Texte aus unterschiedlichen Lebenszusammenhängen kennen, in denen die Befreiung aus der Sklaverei in Ägypten thematisiert wird.
– erkennen, dass die Erinnerung daran über die Zeiten hinweg für die jeweilige Gegenwart aktuell und bedeutsam ist.
– frischen ihr Vorwissen über die wichtigsten Inhalte des Buches Exodus bis zur Rettung am Schilfmeer auf.
– werden sich bewusst, dass mit der (Nicht-)Historizität der Befreiung aus der Sklaverei die Glaubwürdigkeit und Lebensrelevanz steht und fällt.

Hinweise für den Unterrichtsverlauf:

Vorbereitung:

Illustration von S. 11 auf Folie, ggf. auch **M 1**

Einstimmung und Wiederholung:

L liest den kurzen Text „Erschreckende Zahlen" vor oder zeigt ihn auf Folie (**M 1**). Davon ausgehend kann der Inhalt der Vorstunde wiederholt werden.

Erarbeitung:

Bei der Lektüre von Lev 19, 34 sollte L darauf aufmerksam machen, dass das Gebot der Nächstenliebe sich bereits im AT findet und durchaus keine genuin christliche „Erfindung" ist. Wie in anderen Völkern verstand man auch in Israel unter dem „Nächsten" v. a. den Volks- und Glaubensgenossen; der Begriff wird hier aber in Erinnerung an die eigene Unterdrückung auch auf die Fremden, die Gastrecht genießen, ausgeweitet. Jesus versteht später unter den Nächsten alle Menschen (s. Mt 5, 43 und Lk 10, 27–37).

I. Exodus, Dekalog und Propheten: Gott schenkt Freiheit und fordert Gerechtigkeit

> **TA**
>
> Exodus: Auszug aus Ägypten *(erst nach der Worterklärung S. 11 nachtragen)*
>
> Die Erinnerung an die Befreiung aus der Sklaverei in Ägypten ist in Israel in ganz verschiedenen Lebenszusammenhängen bedeutsam (Glaubensunterweisung, Gebetsleben und sogar in Gesetzestexten).
>
> Dabei geht es nicht nur um Erinnerung an die Vergangenheit; vielmehr soll aus der Vergegenwärtigung der früheren Befreiungstat Gottes Zuversicht in der Bedrängnis der Gegenwart geweckt werden.
>
> Kann sich diese lebensrelevante Erinnerung nur auf eine Erfindung stützen?

Zu AA 1 (S. 10): L sollte den S hier bewusst machen, wie erstaunlich es ist, dass sich ein Ereignis aus der Geschichte der Religion in solch unterschiedlichen Texten findet. Er kann dabei auf das „populärste" Ereignis in der Geschichte der christlichen Religion hinweisen: die Geburt Jesu, Weihnachten. Dieses Ereignis findet zwar seinen Niederschlag in der Glaubensunterweisung und im Gebetsleben, hat aber keinerlei begründenden Einfluss auf Gesetzestexte gehabt. Dagegen wird mit der Befreiung aus der Sklaverei in Ägypten nicht nur eine konkrete Einzelweisung (Lev 19, 33f.) begründet, sondern sie wird in Dtn 6, 20–24 als grundlegend für die gesamte Gesetzgebung genannt.

Zu Jes 51, 9f. kann L die Hintergrundinformation geben, dass „Deuterojesaja" diese Verse im babylonischen Exil gesprochen hat. Es wird wohl nicht zuviel vorweggenommen, wenn in einem kurzen Gespräch geklärt wird, dass er mit der Erinnerung an die Befreiungstat Jahwes in der Vergangenheit bei seinen Hörern Zuversicht für ihre Gegenwart erwecken will.

Als *Ergebnissicherung* kann hier der erste Teil der TA (s. oben) festgehalten werden.

Zu AA 1 (S. 11): An den Gewändern und Kopfbedeckungen der abgebildeten Personen ist deutlich zu erkennen, dass es sich nicht um eine Darstellung des Durchzugs durch das Schilfmeer aus dem 13. Jh. v. Chr. handeln soll, sondern dass der Illustrator dieses Ereignis in seine eigene Zeit verlegt hat, in der sich die jüdische Bevölkerung in Europa ebenfalls durch verschiedenste Repressalien unterdrückt und „versklavt" fühlen konnte. Mit seiner aktualisierenden Darstellung bringt der Maler dasselbe zum Ausdruck wie Deuterojesaja: Aus der Erinnerung an das Befreiungshandeln Gottes in der Vergangenheit soll Trost und Zuversicht für die Gegenwart erwachsen. Hier kann als Fortführung der *Ergebnissicherung* der zweite Teil des Tafelbildes festgehalten werden.

Zu AA 2 (S. 11): Es ist wichtig, das Vorwissen der S zusammenzutragen, damit sie wieder in die Erzählwelt dieses wichtigen „Kapitels" der Bibel eintauchen können. Ohne eine solche Wissensauffrischung wäre jede Auseinandersetzung damit zu unvermittelt. Dabei wird (z. B. bei den Plageerzählungen) ganz von selbst die Frage nach der Historizität aufkommen (die aber von L an dieser Stelle nicht beantwortet werden soll!).

Zu AA 3 (S. 11): Anders als bei den in der 8. Jahrgangsstufe behandelten Schöpfungserzählungen, bei denen von der Sache her nicht der Anspruch von Historizität im Sinne einer Augenzeugenreportage erhoben werden kann, geht es beim Exodus-Geschehen um ein Ereignis der Geschichte. An ein solches ist der Anspruch zu stellen, dass es zumindest einen historischen Kern besitzt. Stellt sich bei einem als historisch dargestellten Ereignis heraus, dass es reine Erfindung ist, dann ist die Glaubwürdigkeit dahin. Alle Erklärungsversuche (z. B. „symbolisch") wirken dann nur noch peinlich. Man kann zur Verdeutlichung die Frage aufwerfen: „Wie würdet ihr reagieren, wenn Jesus nachweislich gar nicht gelebt hätte, sondern nur eine erfundene literarische Gestalt wäre?" Auch dabei geht es – bei aller unterschiedlichen Ausgestaltung der Jesus-Überlieferung – um den historischen Kern: Hat Jesus nicht gelebt, gelehrt, gelitten und ist er nicht auferstanden, so ist der Glaube an ihn nichts wert. Genauso hätte dann auch der hohe Stellenwert des Exodusereignisses im jüdischen Leben durch die Jahrhunderte hinweg keinen historischen Rückhalt und wäre nur auf illusorischen „Sand gebaut".

Als Abschluss der *Ergebnissicherung* wurde im TB der letzte Satz bewusst als Frage formuliert, um Spannung für die folgende Stunde aufzubauen.

3. Historisches (S. 12/13)

Lernziele:

Die Schüler

– entdecken, dass es in Exodus drei sehr unterschiedliche Varianten vom Auszug aus Ägypten gibt.
– erschließen aus dem Fehlen von Nachrichten in ägyptischen Quellen, dass der Auszug des „Volkes Israel" historisch unwahrscheinlich ist.
– erhalten Informationen über den vermutlichen historischen Hintergrund der Unterdrückung von Hebräern in Ägypten.

I. Exodus, Dekalog und Propheten: Gott schenkt Freiheit und fordert Gerechtigkeit

– erkennen aus dem Mirjam-Lied, dass von den Betroffenen ihre geglückte Flucht als Rettungstat Jahwes gedeutet wurde.

Hinweise für den Unterrichtsverlauf:

Vorbereitung:

Ggf. Kopie von M 2 auf Folie

L kann seine Sachkenntnis durch die Lektüre einschlägiger Literatur auf der CD-ROM vertiefen und über das im Buch gebotene Material hinaus weitere Dokumente über Ramses II., die Situation der Zwangsarbeiter und die Grenzkontrollen in den Unterricht einfließen lassen. Auch über Geburtslegenden „großer" Männer des Altertums findet sich auf der CD-ROM Material.

Einstimmung und Wiederholung:

Als eine mehr existentielle Variante kann L die jüdische Redewendung „Jeden Tag soll der Mensch aus Ägypten ziehen" anschreiben und die S darüber nachdenken lassen, wo in ihrem Leben sie in „Ägypten", in Unfreiheit und Abhängigkeit sind. Eine andere Möglichkeit wäre, den kurzen Text aus dem GL zur Liturgie der Osternacht auf Folie zu präsentieren (M 2). Von beiden Varianten her, die die Aktualität des Exodusthemas im eigenen Leben bzw. im christlichen Glauben verdeutlichen, lässt sich gut an den Stoff der Vorstunde anknüpfen.

Erarbeitung:

Zu AA 1 (S. 12):

Ex 12, 33: Die Ägypter drängten das Volk, das Land zu verlassen – hier handelt es sich also um einen „Rauswurf"

Ex 13, 17–18: Geordnet zogen die Israeliten aus Ägypten hinaus

Ex 14, 5: … das Volk sei geflohen

Hier kann mit der *Ergebnissicherung* im TA (s. unten) begonnen werden, die sukzessive während der Lektüre und Besprechung von S. 12 und 13 ergänzt wird.

Zu AA 1 (S. 13): Zu erinnern ist an den Befehl des Pharao, alle neugeborenen hebräischen Knaben in den Nil zu werfen; an die Aussetzung des Mose in einem Binsenkörbchen auf dem Nil; an dessen Fund durch die Tochter des Pharao und an die durch den Einsatz seiner Schwester bewirkte Erziehung des Kindes durch seine eigenen Eltern.

Zu AA 2 (S. 13): „Legende, ursprünglich die Vorlesung eines Heiligenlebens, dann jede wunderbar-erbauliche Erzählung aus dem Leben eines Heiligen." (dtv-Lexikon der Antike s. u. Legende). Diese kurze Definition trifft mit den Worten „wunderbar-erbauliche Erzählung" deutlich den Charakter der Rettung des Mose-Knaben.

Zu AA 3 (S. 13): Die Rettung wird „dem Herrn" zugeschrieben, nicht etwa eigener Leistung oder dem Zufall/Glück.

TA Historisch?

Es gibt in Ex drei widersprüchliche Varianten vom Auszug aus Ägypten:

„Rauswurf", geordneter Auszug, Flucht

Obwohl der Auszug des „Volkes Israel" ein bedeutendes Ereignis für Ägypten gewesen wäre, wird in ägyptischen Quellen nichts darüber berichtet.

Historisches
– Ex 1, 11: Zwangsarbeit beim Bau von Pitom und Ramses: „historischer Splitter"
– Zeitlicher Rahmen: 13. Jh. v. Chr.: Pharao Ramses II. und Mernephtha
– Zwangsarbeiter: kein Volk, sondern gesellschaftliche outlaws („Hebräer")
– Schlimme Lage durch harte Arbeit und Nahrungsmangel
– Aber: Flucht riskant wegen starker Grenzbefestigungen
– Führende Rolle eines „Mose" sehr wahrscheinlich (ägyptischer Name!)
– Flucht eines Trupps von Zwangsarbeitern gelingt trotz Verfolgung durch ägyptische Grenzsoldaten

Deutung
Die geglückte Flucht wird als Rettungstat Jahwes gedeutet, nicht als eigene Leistung oder Zufall.

4. Das Schlüsselerlebnis (S. 14/15)

Lernziele:

Die Schüler

– begreifen, dass die Exoduserzählung kein historischer Tatsachenbericht sein will (und dass es sinnlos ist, Fragen an einen Text zu stellen, die darin gar nicht beantwortet werden sollen).
– verstehen, dass die subjektive Deutung eines Ereignisses etwas anderes ist als seine objektive Erfassung.
– werden vertraut mit Ex 3, 1–15.
– erkennen v. a. an der Problematik der Namensforderung des Mose die gleichzeitige Nähe und Unverfügbarkeit Jahwes.

Hinweise für den Unterrichtsverlauf:

Vorbereitung:

Kopie von M 3 auf Folie (Mose von Michelangelo – Farbvorlage und dazugehörige Beschreibung auf CD-ROM) und Gliederung zu AA1 (S. 15) auf Folie

Einstimmung und Wiederholung:

Die S betrachten und beschreiben die wohl berühmteste Darstellung des Mose, die von Michelangelo (M 3). Ausgehend von der Frage, welche Rolle Mose in der letzten Stunde gespielt hat, kann die Wiederholung erfolgen.

Erarbeitung:

Zu AA 1 (S. 14): Ein Roman will unterhalten und/oder belehren (s. z. B. Erziehungsroman), und zwar mit einer erfundenen Handlung und erfundenen Personen. Oft findet sich sogar am Ende eines Romans die ausdrückliche Versicherung des Autors, dass Handlung und Personen seine Erfindung und eventuelle Übereinstimmungen mit tatsächlich lebenden Personen rein zufällig sind. Die Suche im Einwohnermelderegister wäre deshalb genau so unsinnig wie die Beurteilung als „falsch" – beides wird der Gattung Roman nicht gerecht.

Zu AA 2 (S. 14): Die „sieben Tage" der ersten Schöpfungserzählung sind eine symbolische/theologische Zahl, keine exakte chronologische Zeitangabe. Beide Schöpfungserzählungen wollen ja keine Tatsachenreportage sein, sondern sich in mythischer Form mit Schöpfungsmythen ihrer Umwelt auseinandersetzen, wobei es ihnen nicht auf das genaue „wie", sondern auf das „dass" der Schöpfung ankommt.

Zu AA 3 (S. 14): Je nach Szenario kann der genaue Zeitpunkt des Beinahe-Unfalls festgestellt werden, der Bremsweg, die exakte Reaktionszeit des Fahrers, der Abstand zum vorausfahrenden Fahrzeug – kurz: alles, was man filmen und messen könnte. Nicht erfassen lassen sich die Gedanken und Gefühle des Betenden; dabei ist dieses subjektive Element (der Dank, sich von Gott gehalten zu wissen) viel wichtiger für den Betroffenen als die Erklärung durch noch so viele objektive Fakten.

Zu AA 4 (S. 14): Zur Annäherung an den biblischen Text können folgende Einzelheiten genügen: Schafe am rechten Bildrand (der Mann ist offenbar ein Hirte); der kniende Mann ist barfuß; die rechte Hand an der Brust lässt ahnen, dass ihm etwas sehr zu Herzen geht; der Gesichtsausdruck wirkt sehr aufmerksam, ja gebannt; der Busch hat rote, flammenähnliche Blätter; in der gleißend hellen Sonne darüber sind hebräische Buchstaben zu erkennen; über allem sieht man einen Engel – offensichtlich handelt es sich um ein Ereignis, in dem die göttliche Sphäre im Spiel ist.

Zu AA 1 (S. 15): Da Diskussionen um eine genaue Gliederung zeitraubend sein können, sollte L den folgenden Vorschlag auf Folie bereithalten, in dem die wichtigsten Punkte von Ex 3, 1–15 enthalten sind:

3, 1–3:	Mose entdeckt den brennenden, aber nicht verbrennenden Dornbusch und will sich diese außergewöhnliche Erscheinung ansehen
3, 4–5:	Gott hält Mose auf Distanz (Schuhe ablegen; heiliger Boden)
3, 6:	Selbstvorstellung als Gott der Väter
3, 7–10:	Gott hat das Elend seines Volkes gesehen und beschlossen, es in ein schönes Land zu bringen; Auftrag an Mose, das Volk aus Ägypten herauszuführen
3, 11:	Weigerung des Mose
3, 12:	Gott sagt ihm seine Hilfe zu
3, 13:	Mose fragt nach dem Gottesnamen, weil die Hebräer ihn danach fragen werden
3, 14–15:	Gott gibt den „Namen" Jahwe bekannt und wiederholt, er sei der Gott der Väter

Zu AA 2 (S. 15): Der brennende, aber nicht verbrennende Dornbusch übt auf Mose eine Signalwirkung aus: Er will wissen, was sich hinter diesem seltsamen Phänomen verbirgt und tritt heran.

Zu AA 3 (S. 15): Das Feuer dieses Dornbuschs brennt, ohne zu zerstören – Gott ist eine Macht, die nicht von der Zerstörung anderen Lebens lebt.

Zu AA 4 (S. 15): Um Leder als Material für Schuhe herzustellen, müssen Tiere getötet werden. Deshalb hat Leder als Produkt eines getöteten Tieres keinen Platz an dem Ort des Gottes, der nicht von der Zerstörung anderen Lebens lebt.

Zu AA 5 (S. 15): Noch weiß Mose nicht, mit wem er es zu tun hat. Mit dem Hinweis auf den „Gott der Väter" wird erklärt, dass es nicht um einen neuen, unbekannten Gott geht, sondern um einen, mit dem schon gute Erfahrungen gemacht wurden, der den Vätern einen Segen verheißen hat, der auch für die jetzige Generation noch gilt. Es handelt sich bei dieser Selbstvorstellung also sozusagen um eine „vertrauensbildende Maßnahme".

I. Exodus, Dekalog und Propheten: Gott schenkt Freiheit und fordert Gerechtigkeit

TA	
Gott ist unverfügbar	**Gott „ist da"**
Dornen, Feuer	Signal an Mose durch das Dornbuschphänomen; Gott spricht Mose an
Schuhe ausziehen	er stellt sich als „Gott der Väter" vor; er hat das Elend seines Volkes gesehen
heiliger Boden	er beauftragt Mose und sagt ihm seine Hilfe zu
Offenbarung des „Gottesnamens: **„Ich werde da sein als der ich da sein werde"**	

Zu AA 6 (S. 15): Gott gibt sich in den Versen 7–9 als der zu erkennen, der sich mit den Schwachen und Unterdrückten solidarisiert und ihnen seine Hilfe verspricht – anders als die Götter Ägyptens, die einen Staat stützen, in dem Menschen unterdrückt werden.

Zu AA 7 (S. 15): Mose will wissen, im Namen welchen Gottes er seinen Auftrag ausführen und sich bei Nachfragen rechtfertigen soll. Das ist in einer polytheistisch geprägten Umwelt selbstverständlich. Bedenkt man zusätzlich das historische Faktum, dass seine Adressaten, die hebräischen Zwangsarbeiter, im ganzen Vorderen Orient beheimatet waren, ist noch einsichtiger, dass sie aus der Vielzahl der dort verehrten Götter wissen wollen, mit wem sie es zu tun haben.

Zu AA 8 (S. 15): Ähnlich wie im Polytheismus einzelnen Göttern, schreibt man den Schutzheiligen bestimmte Funktionen zu. So wird sich ein Gläubiger in Feuersnot an den „dafür zuständigen" hl. Florian wenden – mit dessen Anrufung aber auch die Erwartung verbinden, dass dieser helfen wird, da er ja „richtig" angerufen wurde.

Zu AA 9 (S. 15): Es geht um die Freiheit und Unverfügbarkeit Gottes. Da man damals glaubte, mit dem Namen auch Zugang zum Wesen des Trägers und damit auch Macht über ihn zu haben (vgl. das Märchen vom „Rumpelstilzchen"), hätte die Namenskundgabe die Gefahr von Missbrauch heraufbeschworen (vgl. im Dekalog die 2. Weisung: Kein Gottesbild anfertigen, den Namen Gottes nicht missbrauchen).

Zu AA 10 (S. 15): *Obwohl man das rätselhafte Jahwe stets als „Gottesnamen" bezeichnet, drängt sich die Frage auf, ob es wirklich ein Name ist. Die Erzählung legt den Namen ja in einer Weise aus, die ihn als Namen zugleich wieder aufhebt. ... Da antwortete Gott dem Mose: „Ich bin der ‚Ich-bin-da'. Und er fuhr fort: Der ‚Ich-bin-da' hat mich zu euch gesandt." Diese Antwort ist eher Namensverweigerung als Namenskundgabe. ... Israel hat in späterer Zeit die Konsequenz gezogen, diesen Namen nicht mehr auszusprechen. ... Das hatte zur Folge, dass wir heute nicht einmal mehr wissen, ob die Vokalisation des hebräischen JHWH als Jahwe überhaupt richtig ist.* (H. Halbfas, S. 102).

Zu AA 11 (S. 15): Da in dieser Gegenüberstellung die wesentlichen Elemente der Dornbuschszene enthalten sind, genügt sie als *Ergebnissicherung*.

Zu AA 12 (S. 15):
– Mose *vertraut* der Heilszusage und dem Auftrag dieses Gottes, der auf der Seite der Unterdrückten steht.
– Auch die Zwangsarbeiter *vertrauen* auf das Versprechen dieses Gottes, ihnen zu helfen, und wagen die Flucht.
– Deshalb können sie im Nachhinein glauben: Dieser Gott hat sein Versprechen erfüllt – eine für sie nahe liegende Deutung.

5. Die Rettung am Schilfmeer (S. 16/17)

Lernziele:

Die Schüler

– entdecken Unstimmigkeiten in Ex 14, 8–30.
– erkennen, dass in diesem Text zwei ursprünglich eigenständige Darstellungen der Rettung miteinander kombiniert sind.
– erfahren von der Situation Israels in Palästina vom 15. bis zum 12. Jh. v. Chr.
– erschließen, warum das Bekenntnis zu Jahwe als Retter-Gott von ganz Israel übernommen werden konnte.

Hinweise zum Unterrichtsverlauf:

Vorbereitung:

L fertigt eine Folie mit den beiden in Ex 14, 8–30 enthaltenen Darstellungen an, ggf. auch Kopie von **M 4** auf Folie

Einstimmung und Wiederholung:

Ausgehend von dem kurzen Text **M 4**, in dem es auch um die Namensproblematik geht, kann der Stoff der Vorstunde wiederholt werden.

Erarbeitung:

Zu AA 1 (S. 16): Beim ersten Lesen des Textes wird den S v. a. auffallen, dass das eigentliche „Wunder" sehr unterschiedlich geschildert wird: In der normal gedruckten Fassung spaltet Mose im Auftrag Gottes das Wasser (V. 16. 21 a + c); die Israeliten ziehen durch (V. 22), die Ägypter verfolgen sie (V. 23); dann lässt Mose im Auftrag Gottes das Wasser zurückfluten (V. 26. 27a), wodurch die Verfolger vernichtet werden (V. 28). Auffällig ist demgegenüber in der kursiv gedruckten Fassung schon allein, dass in V. 21b davon die Rede ist, der Herr lasse einen Ostwind wehen und das Meer austrocknen. Das genügt schon, um Spannung zu wecken und die S zum genauen Hinschauen zu motivieren.

Zu AA 2 (S. 16): Hier bietet es sich an, den Text auf einer Folie zu präsentieren, die beide Fassungen getrennt voneinander enthält. Unschwer ist festzustellen: Es handelt sich offensichtlich um zwei ursprünglich eigenständige Erzählungen.

Zu AA 3 (S. 16): **Übereinstimmungen:** Nach dem Verlassen des Landes (näher auf Ortsangaben einzugehen bringt nur Verwirrung) werden die Israeliten von einer ägyptischen Streitmacht verfolgt; der Fluchtweg wird ihnen durch ein Meer abgeschnitten; durch die Hilfe Jahwes können sie unbeschadet das Wasser passieren, während ihre Verfolger darin umkommen.

Unterschiede: Zur normal gedruckten Variante s. o. AA 1. Die kursiv gedruckte unterscheidet sich wesentlich davon: V. 13 ist von keinem Aufbruch die Rede, sondern die Israeliten sollen stehenbleiben und zuschauen, wie Jahwe sie rettet. Diese Statik wird in V. 19 fortgesetzt: Die beiden Lager bleiben während der Nacht durch die Wolken- und Feuersäule getrennt. Von Flucht oder Angriff wird nichts gesagt. Dasselbe gilt für V. 21, wo vom Austrocknen des Meeres durch Ostwind erzählt wird. Zur Zeit der Morgenwache (V. 24) – die „typische" Zeit für Gottesepiphanien – lässt Jahwe den Gottesschrecken über das Lager der Ägypter kommen. In V. 25a ist vorausgesetzt, dass die Ägypter nun doch in Bewegung sind. Jedenfalls erkennen sie, dass auf Seiten Israels eine stärkere Macht kämpft, und beschließen zu fliehen. Die Flucht führt freilich in das zurückflutende Wasser (V. 27).

Zur **Rolle Gottes und des Mose:** Wichtig in der kursiv gedruckten Variante: Mose kündigt das rettende Handeln Gottes an (V. 13 f.) – Handelnder ist allein Jahwe, der für sein Volk kämpft (V. 25.27.30). In der normal gedruckten Fassung: Jahwe steht souverän über allem, „handelt" nur durch sein Wort, Mose als sein „Ausführungsgehilfe" setzt seine Anweisungen um.

Hier sollte die Beschäftigung mit AA 3 (S. 17) erfolgen. Der Auftrag, das Bild zuzuordnen, soll die S noch einmal zu einer intensiven Lektüre anregen, wozu dieses Bild sich gut eignet, weil eine eindeutige Lösung kaum möglich ist. Denkbar wäre, dass man sich aufgrund von V. 22 (das Wasser stand wie eine Mauer) und V. 28 für die normal gedruckte Fassung entscheidet.

Zu AA 1 (S. 17): Angesichts der Machtverhältnisse vom 15. bis zum 13. Jh. in Palästina, wo hinter den die Bergstämme unterdrückenden Kanaanäern letztlich der Pharao stand, kann man übertragen sagen: Tatsächlich wurden damals *alle* Israeliten vom Pharao unterdrückt, „alle waren in Ägypten". Deshalb war die Erfahrung der Exodusgruppe, die sich dieser Macht mit Hilfe Jahwes entziehen konnte, ein ermutigendes Signal: Es gibt einen Gott, der den Unterdrückten gegen den Pharao hilft!

Zu AA 2 (S. 17): Die eigenständigen Formulierungsversuche der S könnten zur folgenden *Ergebnissicherung* zusammengefasst werden:

Ägypten	Palästina
Hebräer müssen für den Pharao Zwangsarbeit leisten.	Stämmeverband Israel wird von den Kanaanäern und vom Pharao unterdrückt (alle sind „in Ägypten").
Im Vertrauen auf Jahwe gelingt es, dem Machtbereich des Pharao zu entkommen.	Befreiungskampf; Ermutigung durch das Bekenntnis der Exodus-Gruppe; nach der Befreiung Übernahme des Bekenntnisses:
	„Uns alle hat Jahwe aus Ägypten befreit."

6. Ein Anfang, der weiterwirkt
(S. 18/19)

Lernziele:

Die Schüler

- lernen den Hintergrund und die Intention der beiden Erzählungen von der Rettung am Schilfmeer kennen.
- ordnen sie den beiden das ganze Pentateuch durchziehenden Konzeptionen zu.
- erfahren, warum *beide* Konzeptionen auch auf Kosten logischer Unstimmigkeiten ins Pentateuch aufgenommen wurden.

Hinweise zum Unterrichtsverlauf:

Vorbereitung:

Kopien der Bilder von S. 17 und 19 evtl. als Farbfolie mitbringen

Einstimmung und Wiederholung:

L legt das Bild von Liebermann auf und wiederholt mit diesem Bild die wesentlichen Inhalte der letzten Stunde.

Erarbeitung:

Die *Ergebnissicherung* im TA (s. S. 14) wird am besten sukzessive festgehalten.

Einige Beispiele für Kriege, in denen israelitische Stämme eigentlich unterlegen waren: Gegen midianitische Kamelnomaden (Ri 6); gegen die ostjordanischen Königreiche Moab und Amon (Ri 3; Ri 11; 1 Sam 11); gegen eine Koalition kanaanäischer Stadtstaaten (Ri 5); gegen die Amalekiter (z. B. 1 Sam 15); gegen die Philister (z. B. 1 Sam 17).

Zu AA 1 (S. 18): Auch für die in Ägypten Versklavten schien „alles aus" zu sein, besonders in der Situation am Schilfmeer – und doch hatte Jahwe ihnen zur Freiheit verholfen. Je größer die Not, desto größer und nötiger die Hoffnung: Warum sollte Jahwe nicht auch in der aussichtslosen Situation des Exils helfen? Deshalb sollte die Erinnerung an das frühere Befreiungshandeln Jahwes wachgehalten und dadurch der Resignation gewehrt, die Hoffnung bestärkt werden.

Zu AA 2 (S. 18): Die Gefahr, dass die Israeliten vom Glauben an den scheinbar unterlegenen Jahwe abfallen und sich den scheinbar überlegenen Göttern der Babylonier zuwenden.

Im Anschluss kann L mit den S darüber nachdenken, was zur Identität eines Volkes beiträgt. Über die S. 18 genannten Faktoren hinaus könnten z. B. noch Sprache und Brauchtum genannt werden – was beides aber auch bei längerer Assimilation in einem fremden Land verschwinden wird.

Die Erinnerung an den Marduk-Mythos muss dann aufgefrischt bzw. er muss den S kurz vorgestellt werden (je nach Vorwissen LSG oder LV).

Zu AA 3 (S. 18): Marduk muss gegen das Chaoselement Wasser kämpfen, um den Babyloniern Lebensraum zu schaffen. Jahwe dagegen ist so souverän, dass er nur Anordnungen trifft (vgl. Gen 1,1–2,4a, wo er ebenfalls nur durch sein Wort schafft); selbst Mose, Jahwes „Ausführungsgehilfe", wirkt dadurch, dass er dem Chaoselement Wasser mit dem Stab gebietet, noch wesentlich souveräner als Marduk, der kämpfen muss. Ganz deutlich wird hier also die Intention, Jahwes Überlegenheit gegenüber der Hauptgottheit der Babylonier herauszustellen.

Zu AA 1 (S. 19): Die normal gedruckte Variante (S. 16) lässt sich leicht der Konzeption „Jahwe als Herr der gesamten Schöpfung" zuordnen; der indirekte Souveränitätsnachweis gegenüber dem babylonischen Schöpfergott Marduk (AA 3 S. 18) deutet klar darauf hin. Berücksichtigt man, dass die kursiv gedruckte Variante (S. 16) die Rettung am Meer als „Jahwekrieg" darstellt und sich damit in die im Verlauf der Geschichte Israels immer wieder gemachte Erfahrung des rettenden Eingreifens Jahwes einreiht, liegt die Zuordnung zur anderen Konzeption nahe. (Dem „Jahwekrieg" sind die S übrigens schon in der 6. Jahrgangsstufe begegnet; s. Leben gestalten 6, S. 65)

Zu AA 2 (S. 19): Es wären folgende Möglichkeiten denkbar gewesen:

1. Eine der beiden Erzählungen weglassen – aber das wollte man ja nicht, weil jede Erzählung in unterschiedlicher Akzentuierung wichtige Erfahrungen mit und Aussagen über Gott enthält.
2. Beide Varianten hintereinander stellen – etwa wie bei den Schöpfungserzählungen in Gen. 1–3. Dort war diese Möglichkeit gut realisierbar, weil in der ersten Erzählung gezeigt werden soll, dass die Welt als „sehr gut" gedacht war, in der zweiten erklärt wird, wie das Böse in die Welt kam. Eine solche „Fortsetzung" war aber bei den beiden Erzählungen von der Rettung am Schilfmeer nicht möglich.
3. Eine ganz neue Erzählung ohne Widersprüche verfassen. Bei dieser Harmonisierung hätten allerdings die entscheidenden Akzente wegfallen müssen, die aber gerade erst die unterschiedliche Gottesvorstellung ausmachen, und eine lange, erfahrungsgesättigte Tradition wäre verfälscht worden.

Zu AA 3 (S. 19): Das Bild, das L wegen der besseren Erkennbarkeit auf Folie zeigen sollte, kann auch schon an passender Stelle zu S. 18, rechte Spalte oder bei AA 1, S. 19 eingesetzt werden. Da deutlich der mit seinem Stab agierende Mose zu sehen ist, stellt die Zuordnung kein Problem dar.

I. Exodus, Dekalog und Propheten: Gott schenkt Freiheit und fordert Gerechtigkeit

TA	
Die zwei Konzeptionen in der Darstellung der Rettung am Schilfmeer und im Pentateuch	
Am Schilfmeer und später häufig gemachte Erfahrung Israels: Überleben entgegen jeder realistischen Einschätzung. Deutung: Jahwe hat uns vor dem Untergang bewahrt, hat für uns gekämpft. („Jahwekrieg") Konzeption im Pentateuch: **Jahwe als Herr der Geschichte**	Gefahr, dass die Israeliten im babylonischen Exil vom Glauben an Jahwe abfallen und sich den scheinbar überlegenen Göttern Babylons zuwenden. Priester stellen die Rettung am Schilfmeer so dar, dass Jahwe bei der Beherrschung des Wassers dem babylonischen Hauptgott Marduk haushoch überlegen erscheint. Konzeption im Pentateuch: **Jahwe als Herr der gesamten Schöpfung**

7. Exkurs: Sklaven afrikanischer Herkunft in Nordamerika/ Spirituals (S. 20/21)

Lernziele:

Die Schüler

- lernen die Situation von Sklaven afrikanischer Herkunft in Nordamerika kennen und versetzen sich in ihre Lage, indem sie einen Protest gegen Sklaverei formulieren.
- erfahren, dass Spirituals und Gospels aus der Verschmelzung christlicher Kirchengesänge und afrikanischer Musik entstanden sind.
- versuchen eine Verbindung zwischen der Situation der Sklaven und dem Spiritual „Go down, Moses" herzustellen.
- erschließen aus Informationen über die „Underground Railroad" ein verändertes Verständnis dieses Spirituals.

Hinweise zum Stundenverlauf:

Einstimmung und Wiederholung:

L weist auf die Zeitleiste am unteren Rand der S. 10–19 hin. Während sonst immer nur ein Symbol hervorgehoben ist und damit auf die zeitliche Einordnung des im Text der jeweiligen DS geschilderten Inhalts hingewiesen wird, sind es auf diesen „Exodus-Seiten" zwei! Mit der Erklärung dieser Auffälligkeit (historischer Exodus ca. 13. Jh. v. Chr., intensive Erinnerung daran während des babylonischen Exils, Endredaktion des Pentateuch nach dem Exil) ist man schon mitten in der Wiederholung des Stoffs der Vorstunde.

Erarbeitung:

Zu AA 1 (S. 20): Wenn in derselben Anzeige zwei „Negroe Boys" und Zitronensaft zum Verkauf angeboten werden, so zeigt das überdeutlich, dass die jungen Sklaven nicht als Menschen, sondern als Sache, als Handelsgegenstand gesehen werden, bei dem allein der zu erzielende Profit zählt.

Da die S in ihrem Aufruf sicher sie beeindruckende Informationen von S. 20 verwerten, kann auf eine *Ergebnissicherung* verzichtet werden. Zur oberen Hälfte von S. 21 kann das Wesentliche im TB (s. S. 15) festgehalten werden.

Zu AA 1 (S. 21): In Strophe 1 wird mit der Erinnerung an die harte („oppressed so hard") Sklaverei Israels in Ägypten auf die eigene Situation angespielt. In Strophe 2 und 3 und im Refrain wird mit der Erinnerung an die Beauftragung des Mose und seine Verhandlungen mit Pharao die Erinnerung an das, was ja letztendlich zum Exodus führte, geweckt. Ein direkter aktueller Bezug ist nicht erkennbar. In der 4. Strophe mündet diese Erinnerung in den hoffnungsvollen Aufruf, *selbst* („in *Christ* be free" kann sich nur auf die Zeit der Sklaven in Nordamerika beziehen) die Sklaverei abzuschütteln und frei zu sein. Konkrete Analogien zur Gegenwart sind also sehr vage; denn mit „old Pharao" kann sicher jeder Sklavenbesitzer gemeint sein – doch wer soll der „Moses" sein, der mit ihnen verhandelt? Ein selten beachtetes Detail liegt in Strophe 3 vor: „let them come out with Egypt's spoil" spielt auf Ex 11,2 und 12, 35f. an, wo die Israeliten sich nicht gerade „fromm" gerieren.

Zu AA 2 (S. 21): Klarer wird der Text des Spirituals, wenn mit „Moses" im „double speech" auf Harriet Tubman angespielt wird, die „down", also aus dem Norden, in den sie geflüchtet war, in den Süden gehen soll, um Sklaven zu befreien. Dann wäre die Analogie sehr deutlich: Wie Mose von Gott den Auftrag erhielt, von Midian nach Ägypten zu gehen, um Israel zu befreien, so erhält Harriet Tubman von Gott den Auftrag, die im Süden unterdrückten Sklaven zu befreien. Das Spiritual enthielte also die göttliche Legitimation für diese Frau – Sprengsatz für die Sklavenhalter, die das anscheinend gut verstanden und mit Verbot reagiert haben.

I. Exodus, Dekalog und Propheten: Gott schenkt Freiheit und fordert Gerechtigkeit

---

TA Spirituals und Gospels

Trotz ihrer Unterdrückung nehmen die afroamerikanischen Sklaven den christlichen Glauben ihrer Unterdrücker an.

Aus christlichen Kirchengesängen und Tanz und Rhythmus afrikanischer Musik schaffen sie **Spirituals (geistliche Lieder)**.

Im 20. Jahrhundert entstanden unter dem Einfluss von Jazz und Rhythm and Blues **Gospels (von good spell: Frohe Botschaft)**

In beiden Liedformen spielen biblische Inhalte eine große Rolle, die Bezüge zur Situation der Sklaven und ihrer Sehnsucht nach Freiheit aufweisen.

---

8. Der Dekalog (1) (S. 22/23)

Wie schon in der Vorbemerkung zu diesem Kapitel zitiert, verlangt der Lehrplan nicht die Behandlung aller zehn Weisungen. L sollte aber auf jeden Fall den Prolog besprechen, weil er der „Schlüssel" zum Verständnis des Dekalogs ist. Der Kommentar gibt Hinweise zu allen Arbeitsaufträgen auf den Seiten 22–27 und Anregungen zu Einstimmungen. Auf *Ergebnissicherungen* wird in Anbetracht der freien Auswahlmöglichkeit durch L im Dekalogabschnitt des Kapitels verzichtet.

Lernziele:

Die Schüler

- erkennen, dass der Prolog der „Schlüssel" zum Verständnis des Dekalogs ist.
- verstehen den Unterschied zwischen „Gebot" und „Weisung".
- lernen die ursprüngliche und heutige Bedeutung der einzelnen Dekalogweisungen kennen (dieses letzte Lernziel gilt für die folgenden drei Stunden).

Hinweise zum Unterrichtsverlauf:

Vorbereitung:

Kopie von M 5 auf Folie; Kopie von Variante 1 M 6 auf Folie bzw. Kopien von Variante 2 M 6 im Klassensatz

Einstimmung und Wiederholung:

Von dem Gebet aus Südafrika (M 5), das L auf einer Folie abschnittsweise aufdeckt und das nicht in allen Einzelheiten, sondern in seiner Gesamtintention verstanden werden soll, lässt sich leicht an den Stoff der Vorstunde anknüpfen.

Erarbeitung:

Zu AA 1 (S. 22): Ohne den Prolog würde Gott als Tyrann erscheinen, der den Menschen ohne jegliche Begründungen Vorschriften auferlegt.

Zu AA 2 (S. 22): Bei der Verkürzung fehlt das Entscheidende gegenüber dem biblischen Original: Die Erinnerung an Jahwes Befreiungstat. Während er sich darin als Freiheits-Gott vorstellt, erdrückt die machtvolle Formulierung „Ich bin der Herr, dein Gott." die Menschen und verpflichtet sie zwingend.

Zu AA 3 (S. 22): Bei „Gebot" entsteht der Eindruck des konkret Festgelegten, Befohlenen (vgl. „gebieten", „Gebieter") und mit Sanktionen Belegten. „Weisung" ist dagegen viel offener (nur die Richtung wird gewiesen, die konkrete Ausgestaltung bleibt dem überlassen, der dieser Richtung folgt) und damit auch wohlmeinender; der Gedanke an Sanktionen liegt fern.

Zu AA 4 (S. 22): Eindeutig in Richtung „Freiheit"

Zu AA 5 (S. 22): Bei der Übersetzung mit „Du wirst …" erhalten die Weisungen den Charakter von Verheißungen. Unter Einbezug des Prologs lässt sich dann schön das Kausalgefüge herstellen: „Weil ich eure Freiheit gewollt habe und will, deshalb wirst du …" Der freiheitliche Charakter des Dekalogs wird damit noch deutlicher als bei der Übersetzung mit „Du sollst …".

Zu AA 6 (S. 22): Vom Prolog her ist an Hitlers Äußerung *alles* falsch: „rachsüchtiger Despot" (s. AA 1 und 2), „Gesetze" (s. AA 3), „sklavenhalterischer Einpeitscher" (s. AA 1 und 2), „teuflisch" (s. AA 4). Vielmehr stellt sich Jahwe als Gott vor, der den Israeliten zur Freiheit verholfen hat und ihnen jetzt Weisungen gibt, diese Freiheit zu erhalten und zu gestalten.

Zu AA 7 (S. 22): Die 1. Weisung schützt vor dem Abfall von dem Freiheitsgott Jahwe hin zu anderen Göttern, die neue Unterwerfung, neue Unfreiheit fordern. Die zunächst eher egoistisch klingende Forderung dient also eigentlich der Freiheit der Menschen.

Zu AA 8 (S. 22): Zur Hinführung zu Dingen, an die Menschen ihr Herz hängen, eignet sich die Karikatur „Altar der Idole" (M 6). Zwei Methoden bieten sich an:

1. Die Originalkarikatur wird eingeblendet, still betrachtet und beschrieben. Die einzelnen Gegenstände an

dem altarähnlichen Gebilde werden dann aufgelistet und gedeutet (z. B. Sportwagen als Symbol für Karriere und Erfolg). Im LSG wird dann diskutiert, ob es sich dabei nach Ansicht der S um einen Gottesersatz handelt.

2. Sehr viel anspruchsvoller ist es, den S eine Abb. der Karikatur ohne die symbolischen Gegenstände des Originals zu geben. Sie sollen dann selbst an den „Altar" zeichnen, was ihrer Ansicht nach Menschen „vergöttern". Ihre Vorschläge werden gesammelt und diskutiert. Zum Abschluss kann die Originalkarikatur gezeigt und im Vergleich mit den Ideen der S besprochen werden.

Zu AA 9 (S. 22): Erfahrungsgemäß werden rasch Sektenführer oder historische Gestalten, wie z. B. Hitler, genannt. Es lohnt sich aber die kritische Nachfrage, welche Personen denn von den Jugendlichen „angehimmelt" und „vergöttert" werden (z. B. Stars aus dem Sport und der Popmusik und Filmbranche). Die Unterscheidung, ob solche Personen selbst mit „göttlichem Anspruch" auftreten (vgl. z. B. Hitler: „Die Vorsehung hat mich beschützt.") oder ohne solchen Anspruch von ihren Anhängern „vergöttert" werden, kann zur Wachsamkeit bzw. zur Selbstkritik anregen.

Zu AA 10 (S. 22): Anhand der besprochenen Beispiele ist unschwer zu verdeutlichen, dass die Unterordnung unter Dinge oder Personen zu erheblicher Unfreiheit führt.

Zu AA 1 (S. 23): Hier ist ein Rückbezug auf S. 15 nützlich, wo im Zusammenhang mit der Namensforderung des Mose schon Vorarbeit geleistet wurde. Es soll zunächst die Freiheit Gottes geschützt werden vor dem Versuch, ihn durch Namensnennung und Beschwörung in Verfügungsgewalt zu bekommen. Aber auch die Freiheit der Mitmenschen, die ja über den Umweg der Gottesbeschwörung dem Willen des Beschwörenden ausgeliefert wären (wenn dieser z. B. Gott beschwört, einem anderen Schaden zuzufügen).

Zu AA 2 (S. 23): Leider müssen genannt werden: Kreuzzüge, Hexenverfolgungen, Inquisition, alle Kriege „im Namen Gottes" oder mit Zustimmung der Kirche (vgl. das abgebildete Koppelschloss oder den Brauch, die Waffen der jeweils eigenen Soldaten zu segnen). Hierher gehören aber auch die Terroranschläge islamistischer Terroristen „im Namen Allahs" – und warum nicht auch der zumindest religiös verbrämte Krieg der USA gegen die „Achse des Bösen"?

Zu AA 3 (S. 23): Der Exodus-Gott wollte kein Sklavendasein der Menschen, sondern ein menschenwürdiges Leben in Freiheit und Selbstbestimmung. Folter, Terror und Krieg bewirken bei den davon Betroffenen das Gegenteil – mögen sie auch oft als Mittel zu einem „guten Zweck" hingestellt werden. Es ist sehr fraglich, ob diese Mittel den (angeblich) guten Zweck „heiligen".

Zu AA 4 (S. 23): Hinter dieser Äußerung steht letztendlich eine magische Gebetsauffassung: Wenn ich Gott dringlich genug „bitte und beschwöre", muss er einfach helfen – und zwar möglichst prompt und möglichst so, wie sich das der Beter vorstellt. Auch dabei wird die Freiheit Gottes beschnitten, „da zu sein als der er da sein wird" – was sich für den Betenden ganz anders gestalten kann, als er es wünscht. Man kann für vorbildliches Beten auf Jesus am Ölberg verweisen, der zwar bittet, dass der Kelch des Leids an ihm vorübergeht, aber hinzufügt: „Nicht mein, sondern dein Wille geschehe." Dieses Gebet wird der 2. Weisung gerecht.

Zu AA 6 (S. 23): Die Sabbatruhe kommt allen, die am mühsamen Arbeitsleben beteiligt sind, zugute, auch den Sklaven, sogar den Arbeitstieren. Bedenkt man, dass in der Antike „Muße"; „Freizeit" ein Privileg der Begüterten und Freien war, kann vor diesem Hintergrund die 3. Weisung durchaus sozialrevolutionär genannt werden.

9. Der Dekalog (2) (S. 24/25)

Hinweise zum Unterrichtsverlauf:

Vorbereitung:

L fertigt eine Folie des Bildes „Gläubiger Jude mit Tora-Rolle" von E. Alt an (Bild 4) und schneidet sich eine „Maske" zurecht, so dass zunächst nur der Kopf des Beters zu sehen ist.

Bespricht L die 4. Weisung, kann er den „Brief eines Teenagers an die Mutter" mit heranziehen.

Einstimmung und Wiederholung:

Die Einstimmung bezieht sich auf das Verständnis des Prologs, der ja behandelt werden sollte. Der (zunächst allein sichtbare) Beter wird beschrieben: Seine Kleidung (Gebetsschal, Käppi) und Haartracht (Schläfenlocken, Bart) lassen ihn leicht als Juden erkennen. Wichtig ist sein Gesichtsausdruck: Mit geschlossenen Augen und leicht geöffnetem Mund scheint er sich ganz hingebungsvoll an etwas zu schmiegen. Nach Wegnahme der „Maske" und kurzer Beschreibung der Tora-Rolle (Kronen an den Stäben zum Aufwickeln; Glöckchen, die beim Aufwickeln läuten; prächtige Stoffhülle) wird ganz deutlich: Mit einem solchen Gesichtsausdruck schmiegt man sich nicht an ein Gesetzesbuch mit Geboten und Paragraphen, sondern an ein Buch, das einem Lebenshilfe und Sinnerfüllung gibt. Von dieser Bildbetrachtung her kann das Verständnis des Prologs und der besprochenen Weisungen wiederholt werden.

Erarbeitung:

Es kann ein Beitrag zur Allgemeinbildung sein, mit den S kurz die heutige Regelung der Alterssicherung

I. Exodus, Dekalog und Propheten: Gott schenkt Freiheit und fordert Gerechtigkeit

anzusprechen: Von den Beiträgen, die den jeweils im Erwerbsleben Stehenden abgezogen werden, wird die Altersversorgung der jeweils nicht mehr arbeitenden Bevölkerung finanziert – es sorgt also immer der arbeitende Teil der Bevölkerung für die ältere Generation und vertraut darauf, dass dies die nächstfolgende Generation auch tun wird. Im Prinzip ist das der gleiche „Generationenvertrag" wie in Israel, nur dass dort die arbeitsfähigen Erwachsenen direkt für ihre Eltern sorgten, während die Altersvorsorge heute staatlich geregelt und damit der Willkür Einzelner entzogen ist.

Zu AA 1 (S. 24): Als Anregung für ein Gespräch über die vielen konkreten, oft unscheinbaren Leistungen, die Eltern für ihre Kinder erbringen, eignet sich der „Brief eines Teenagers an die Mutter" (CD-ROM).

Zu AA 2 (S. 24): Es erleichtert die Unterscheidung von „versorgen" und „ehren", wenn L den S konkrete Beispiele vorgibt, etwa:

- Die Eltern wohnen weit weg von ihren erwachsenen Kindern.
- Der Großvater wohnt nach dem Tod seiner Frau ganz alleine.
- Soll die verwitwete Großmutter ins Altersheim?

Zu AA 3 (S. 24): Hier besteht die Möglichkeit, in kurzen Rollenspielen zu Alltagsszenen (z. B. die Eltern schicken ihre Kinder in den Gottesdienst, bleiben aber selbst zu Hause) durchspielen zu lassen, wie sich Eltern in den Augen der S (un-)glaubwürdig verhalten. Daraus lassen sich dann Regeln ableiten, die evtl. sogar in einem kleinen „Ratgeber für Eltern" zusammengefasst und daheim diskutiert werden können. Beispiele: Eltern sollen nicht einfach befehlen, sondern ihre Forderungen begründen! Eltern sollen nur das von ihren Kindern verlangen, was sie auch selbst tun! u. a. m.

Zu AA 4 (S. 24): Im alten Israel garantierte die 4. Weisung zunächst die materielle Versorgung der nicht mehr arbeitsfähigen Eltern, d. h. sie konnten frei von der Sorge um ihre Existenzgrundlagen leben. Heute steht in der Regel die materielle Versorgung nicht mehr im Vordergrund, aber ohne den respektvollen Umgang der Generationen miteinander und die Fürsorge füreinander ist die Lebensqualität sehr beeinträchtigt, wie Negativbeispiele (etwa Kindesmisshandlung, Streitigkeiten innerhalb der Familie, Vereinsamung alter Menschen) zeigen.

Zu AA 5 (S. 24): Die Todesstrafe und das Töten im Verteidigungskrieg (!) galten und gelten als staatlich legitimierte Form des Tötens. Durch die Todesstrafe sollen schwere Verbrechen gesühnt und vor ihnen abgeschreckt werden, durch Verteidigungskriege (Angriffskriege gab und gibt es nach offizieller Doktrin ja kaum…) soll die eigene Bevölkerung vor Feinden geschützt werden. In beiden Formen des staatlich legitimierten Tötens liegt erheblicher Zündstoff. Will L die Problematik der Todesstrafe vertiefen, findet er Material z. B. auf der Website von amnesty international oder er kann den (harten!) Kurzfilm „Der Eid" einsetzen. Zu einer Diskussion über das Töten im Krieg kann Tucholskys „Soldaten sind Mörder" provozieren.

Zu AA 1 (S. 25): Für den ersten Teil des AA kann zurückgegriffen werden auf S. 9 und die dort besprochenen Beispiele.

Die prophetische Erweiterung ist erfahrungsgemäß für die S sehr unbequem. Sie akzeptieren zwar den Gedanken, dass mit „Leben" nicht nur die nackte physische Existenz gemeint ist; bei der Kehrseite aber, dass die Beschneidung menschenwürdigen Lebens als „Mord" bezeichnet wird, stellt sich Unbehagen ein – vielleicht weil die indirekte Mitschuld an struktureller Unterdrückung dabei ins Bewusstsein gerät. Die Diskussion darüber, ob Mitglieder von Randgruppen selbst schuld an ihrem Schicksal oder „Mordopfer" sind, schärft aber allemal den Blick für die Betroffenen und regt zum Nachdenken über die eigene Einstellung gegenüber „Schwachen" und „Außenseitern" an.

Zu AA 2 (S. 25): Im ursprünglichen Sinn wird das Leben vor Übergriffen durch andere geschützt, in der prophetischen Erweiterung das *menschenwürdige* Leben: Ein materiell Ausgebeuteter und sozial Unterdrückter kann nicht frei leben.

Zu AA 3 (S. 25): z. B. Verlässlichkeit, Sicherheit, Geborgenheit, gegenseitiges Vertrauen, Hilfe in schwierigen Lagen – der Partner hat ja versprochen, zu einem zu halten, auch wenn es einem nicht gut geht. Aufgrund dieses Versprechens braucht man auch nicht ständig in der Angst zu leben, hintergangen oder verlassen zu werden.

Zu AA 4 (S. 25): Die in AA 3 genannten Vorzüge ermöglichen den Ehepartnern großen Freiheitsspielraum. Wenn man einen Menschen an seiner Seite weiß, auf den man sich verlassen kann, ist das eine Quelle der Freiheit. Durch Untreue ist das alles gefährdet oder zerstört.

Trotzdem muss auch festgestellt werden: Es gibt berechtigte Gründe, weshalb Ehen zerbrechen. Es gibt Beziehungen, in denen eher die Trennung Freiheit ermöglicht als ein leidvolles Zusammenbleiben.

Zu AA 5 (S. 25): Zusammenleben ohne Trauschein muss nicht von vornherein „schlecht" sein. Es kommt immer auf die Partner an. Vielleicht signalisiert aber doch das öffentlich abgelegte Treueversprechen (Standesamt) und das Bekunden des Wunsches, den Bund vor Gott zu schließen (kirchliche Trauung), eine ernsthaftere Bereitschaft, ein Leben lang zum anderen zu halten. Bei einem formlosen Zusammenleben kann man ja doch eher durch ein „Hintertürchen" entkommen.

Hinweis zur folgenden Stunde – evtl. vorbereitende Hausaufgabe:

Will L die 8. Weisung behandeln, kann er zwei S beauftragen, den Inhalt von 1 Kön 21 (Nabots Weinberg) und Dan 13 (Die Rettung der Susanna durch Daniel) zu referieren und dabei besonders die Funktion der jeweiligen Zeugen vor Gericht zu beachten.

10. Der Dekalog (3) (S. 26/27)

Hinweise zum Unterrichtsverlauf

Vorbereitung:

L fertigt eine Folie mit der Karikatur „Dienstleistungssektor" M 7 oder druckt den Text „Trotz Hungersnot kauft Äthiopien Waffen" M 8 aus. Behandelt L die 8. Weisung, druckt er die Geschichte „Üble Nachrede" (M 9) aus.

Einstimmung und Wiederholung:

Mit der Karikatur „Dienstleistungssektor" (M 7) kann an die 4. Weisung, mit dem Text „Trotz Hungersnot kauft Äthiopien Waffen" (M 8) an die 5. Weisung angeknüpft und davon ausgehend der Stoff der Vorstunde wiederholt werden.

Erarbeitung:

Zu AA 1 (S. 26): Der Zusammenhang von Freiheit und Eigentum wird in der alttestamentlichen Perspektive ganz deutlich: Wem die materiellen Grundlagen zu einem selbstbestimmten Leben entzogen werden und wer in völlige Abhängigkeit von seinen Gläubigern gerät, ist unfrei. In die „Schuldenfalle" und damit in Unfreiheit geraten auch heute viele Menschen, darunter viele Jugendliche. Aber selbst bei Kleinigkeiten bedeutet Eigentum immer ein wenig Freiheit, weil man über das Eigentum verfügen kann; wird es einem gestohlen, hat man diese Freiheit nicht mehr.

Zu AA 2 (S. 26): Die scheinbar einfachen Fälle verlangen den S einiges ab: Beim 1. Beispiel wollen sie gewöhnlich differenzieren: Muss die Kassiererin bei der Abrechnung den Fehlbetrag aus eigener Tasche zahlen, empfinden sie das Behalten des Geldes als Unrecht. Ist das nicht der Fall, wird nach ihrer Ansicht „nur" die reiche Supermarktkette geschädigt – und die ist ja versichert. Hier wie auch im 2. Beispiel gilt es klar zu machen, dass eine solche Einstellung dazu führt, dass von den Konzernen durch entsprechende Preisgestaltung die Verluste auf *alle* Kunden abgewälzt werden. Das Verständnis für Solidarität und größere Zusammenhänge muss bei S dieser Altersstufe allmählich geweckt werden, die verbreitete Einstellung „Das Hemd ist mir näher als der Rock" ist falsch. Der im 3. Beispiel angesprochene Fall weitet das Blickfeld sogar noch auf weltweite Solidarität hin. Die S sträuben sich meist, hier von „Diebstahl" zu sprechen – es leuchtet ihnen aber doch ein, dass die Hausfrau sich indirekt schuldig macht, weil sie ja um die Zusammenhänge weiß.

Zu AA 3 (S. 26): Während es in AA 3 um Solidarität mit den Mitmenschen der *Gegenwart* ging, wird jetzt die Verantwortung gegenüber *künftigen* Menschen angesprochen. Zwar können sich die S noch leichter „ent-schuldigen", denn niemand von ihnen zerstört in größerem Ausmaß den Lebensraum für künftige Generationen. Aber auch hier ist das Bewusstsein dafür zu wecken, dass wir „Jetzt-Menschen" durch unsere Gewohnheiten und Ansprüche Mitverantwortung tragen und dass durch konkrete Verhaltensänderungen vieler Menschen eine Verringerung der Umweltzerstörung bewirkt werden kann. Vorschläge dafür werden zusammengetragen und diskutiert.

Vor der Lektüre und Besprechung von S. 27 können zwei S den Inhalt von 1 Kön 21 und Dan 13 referieren und dabei die wichtige Rolle der Zeugen vor Gericht herausstellen, die in beiden Bibelstellen zur Todesstrafe der Angeklagten geführt hat bzw. hätte.

Zu AA 1 (S. 27): Falsche Aussagen über einen anderen schädigen dessen Ansehen, seine Ehre. Man kann Menschen dadurch „fertigmachen". Um den S zu verdeutlichen, wie schwer, ja unmöglich es ist, eine solche falsche Aussage wieder zurückzunehmen, kann L die Geschichte „Üble Nachrede" vorlesen. (M 9).

Zu AA 2 (S. 27): Hierzu sind aktuelle Beispiele nötig, die sich unschwer werden finden lassen. Angebracht ist der Hinweis: Selbst wenn der Betroffene sich wehrt und auf juristischem Weg einen (meist klein und an unauffälliger Stelle abgedruckten) Widerruf erwirkt, gilt die lateinische Redewendung: „Semper aliquid haeret!"

Zu AA 3 (S. 27): Weitere Beispiele sind in AA 4 enthalten: Angeben, Spicken, Doping, aber auch Kriegsberichterstattung („Im Krieg stirbt die Wahrheit als erstes"), Heuchelei.

Zu AA 4 (S. 27): Unwahrhaftigkeit ist für die „Täter" sehr unangenehm. Je nachdem können die Folgen von einfacher Blamage (z. B. als Angeber entlarvt werden) bis zum Berufsverbot (z. B. bei Profisportlern, die beim Doping erwischt werden) reichen. Allgemein gilt: Das Vertrauen zu einem unwahrhaftigen Menschen ist ge- oder gar zerstört (vgl. die Redewendung: „Wer einmal lügt, dem glaubt man nicht, selbst wenn er die Wahrheit spricht").

Zu AA 5 (S. 27): Der Zusammenhang von Wahrhaftigkeit und Vertrauen ist hier entscheidend. Ein Zusammenleben in Freiheit ist sehr beeinträchtigt, wenn man sich auf die Aussagen anderer nicht verlassen kann, sondern ständig misstrauisch nachprüfen muss, ob man nicht getäuscht worden ist.

I. Exodus, Dekalog und Propheten: Gott schenkt Freiheit und fordert Gerechtigkeit

11. Der Prophet Amos (S. 28/29)

Lernziele:

Die Schüler

- werden durch die sukzessive Erschließung von Am 7, 10–15 neugierig darauf, was man denn im AT eigentlich unter einem Propheten versteht.
- lernen das heutige Verständnis eines Propheten vom alttestamentlichen zu unterscheiden.
- erschließen Unterschiede zwischen Berufs- und Berufungspropheten.
- überlegen, welche am Dekalog orientierten Mahnungen ein Prophet in unsere heutige Welt „rufen" könnte.

Hinweise zum Unterrichtsverlauf:

Vorbereitung:

Ggf. Kopie von M 10 auf Folie, Kopie von M 11/1 und 11/2 auf Folie oder im Klassensatz (M 11/1 und 11/2 enthalten die Amos-Texte, die auf den Seiten 28–31 gelesen werden. Die Lektüre in einer Vollbibel könnte sich bei einer sukzessiven Texterschließung wie z. B. bei Am 7, 10–15 nachteilig auswirken, weil die S die Fortsetzung des Textes dann schon vor Augen hätten.)

Einstimmung und Wiederholung:

Für eine Anknüpfung an die 7./10. Weisung und die daran sich anschließende Wiederholung eignet sich M 10.

Eine Anknüpfung an die 8. Weisung ermöglichen folgende Redewendungen: „Lügen haben kurze Beine", „Lügen und Lawinen wachsen immer", „Ein Lügner muss ein gutes Gedächtnis haben", „Gesprochene Worte sind wie Vögel, die man nicht mehr einfangen kann".

Erarbeitung:

Zu AA 1 (S. 28): Ein Prophet scheint ein politischer Agitator zu sein, der im Auftrag seiner Regierung in einem anderen Land durch düstere Stimmungsmache und Unheilsvorhersagen Unruhe stiften soll (Tod des Königs, Verbannung des Volkes). Deshalb erhält er Redeverbot und wird des Landes verwiesen.

Mit der sukzessive erfolgenden *Ergebnissicherung* im Tafelbild (s. unten) kann hier begonnen werden.

Zu AA 1 (S. 29): Es gibt die verschiedensten Formen: Horoskope; zukunftsrelevante Zeichen (schwarze Katze, Schornsteinfeger u. a.); Pendeln; Handlinienlesen; Wahrsagerei mit Hilfe verschiedener Medien

Zu AA 2 (S. 29): Wenn jemand daran glaubt, dass z. B. eine schwarze Katze, die ihm über den Weg läuft, Unglück bringen wird, dann steht fest, dass ein Unglück eintreffen wird, ganz gleich wie er sich verhält. (Man kann hier über die Gefahr von „selbsterfüllenden Prophezeiungen" sprechen.) Der Glaube, dass die Zukunft feststeht, unabhängig vom eigenen Handeln, kann zu Resignation und Apathie, aber auch zu Panik führen und ist immer mit einem Lebensgefühl mangelnder Selbstbestimmtheit und Angst verbunden: Der Mensch ist „Spielball ungewisser Mächte".

Zu AA 3 (S. 29): Berufspropheten waren finanziell abhängig und verdankten ihre Position politischen und religiösen Machthabern. Da man mit unbequemen Gottesbotschaften seine Position aufs Spiel setzte, bestand die Gefahr, dass diese gar nicht oder nicht deutlich und eindringlich genug ausgerichtet wurden. Anders gewendet konnten die Machthaber durch dem Berufspropheten aufgetragene „Prophezeiungen" eigene Unternehmungen „göttlich" legitimieren. Dagegen ist ein Berufungsprophet wie Amos unabhängig, hat einen eigenen Beruf und eigenes Einkommen. Deshalb braucht er beim „Ausrufen" der Botschaft Gottes keine Rücksichten zu nehmen und kann – entsprechenden Mut vorausgesetzt – frank und frei reden.

Bei der Betrachtung des Bildes von K. Hofer kann L darauf eingehen, dass nur der eine, aktive Aspekt eines „nabi" ins Bild gesetzt wurde. Die Frage, warum der andere, passive Aspekt eigentlich gar nicht abzubilden ist, kann schon vorbereiten auf die Visionsthematik der Folgestunde: Eine Berufung ist kein äußerlich sichtbarer Vorgang, sondern spielt sich im Inneren des Betroffenen ab.

Zu AA 4 (S. 29): Dieser AA dient zur Wiederholung und Vertiefung des Dekalogs: Die S können hier in kreativer Weise zeigen, dass sie das heutige Verständnis der besprochenen Dekalogweisungen verstanden haben. Je nach der zur Verfügung stehenden Zeit kann man die in EA gefundenen „Zurufe" erst in Kleingruppen diskutieren und die verschiedenen Gruppenfassungen dann im Plenum vorstellen lassen. Nicht fehlen sollte jedenfalls ein Gespräch darüber, ob der Sinn jeweils getroffen ist und wie sich die S als „Propheten" fühlen würden.

TA Was ist ein Prophet?

Ein politischer Agitator, der in einem anderen Land durch Unheilsankündigungen Unruhe stiften soll?

Ein Hellseher oder Wahrsager?

Im AT ist ein nabi ein von Gott „Berufener", der dadurch zum „Rufer" der Botschaft Gottes wird.

Anders als ein Berufsprophet ist ein solcher Berufungsprophet unabhängig von politischen und religiösen Machthabern und kann deshalb die Botschaft Gottes unverfälscht ausrufen.

12. Kritik im Namen Gottes (S. 30/31)

Lernziele:

Die Schüler

- ziehen aus Äußerungen des Amos Rückschlüsse über seine Berufung.
- lernen die Kult- und Sozialkritik des Amos kennen.
- verstehen, dass Amos mit seiner Kritik den Willen des Gottes, der den Exodus ermöglicht und den Dekalog gegeben hat, für seine eigene Zeit interpretiert.
- erkennen die zeitlose Aktualität der Kult- und Sozialkritik dieses Propheten.

Hinweise für den Unterrichtsverlauf:

Vorbereitung:

M 12 und „Die Kathedrale" (S. 31) evtl. auf Folie mitbringen.

Einstimmung und Wiederholung:

Mit dem Prophetenbild von G. Marcks (M 12) kann L gut an die Vorstunde anknüpfen: Der „finstere" Gesichtsausdruck und die Hände, die er scheinbar über dem Kopf zusammenschlagen will, deuten darauf hin, dass er – wie Amos – nicht eben Erfreuliches auszurufen hat. Die bei genauerem Hinsehen leicht trichterförmig geöffneten Hände könnte man aber auch so interpretieren, dass der Prophet zu Gott hin offen und empfangsbereit für seine Botschaft ist. Damit wäre hier doch der schwierig darzustellende passive Aspekt eines nabi ins Bild gesetzt.

Erarbeitung:

Die *Ergebnissicherung* im TA (s. S. 21) sollte sukzessive erfolgen.

Zu AA 1 (S. 30): Vers 7 fällt aus der Reihe, weil er als einziger nicht in Frageform abgefasst ist, sondern eine allgemeine Erklärung enthält, die auch inhaltlich nicht zu den übrigen neun Fragen passt.

Zu AA 2 (S. 30): Alle neun Fragen haben zum Inhalt: Für jede Wirkung muss es eine notwendige Ursache geben. In V. 3–5 und 6b wird erst die Wirkung, dann die Ursache genannt, in V. 6a und 8 ist die Reihenfolge umgekehrt.

Zu AA 3 (S. 30): Amos sagt damit über seine Berufung: Wie z. B. ein Vogel nicht von sich aus zu Boden fällt, sondern erst, nachdem er getroffen wurde, dann aber unausweichlich fällt – so tritt ein Prophet nicht von sich aus auf, sondern erst, nachdem Gott zu ihm gesprochen hat; nach dieser Berufung aber ist sein Auftreten unausweichlich. Es ist gut vorstellbar, dass Amos in dieser eindrücklichen Beispielreihe die logische Konsequenz und Unvermeidbarkeit seines Auftretens als Prophet erklärt hat auf Fragen wie: „Warum gibst du deinen Beruf auf und riskierst im Nordreich Kopf und Kragen mit deiner Unheilsbotschaft?"

Zu AA 4 (S. 30): Vision (von lat.: videre: sehen) ist die Schau eines Bildes, bei Amos verbunden mit Audition (von lat.: audire: hören), dem Vernehmen eines Gotteswortes. Es handelt sich um einen psychologisch nicht befriedigend erklärbaren Zustand der Gott- und Geisterfülltheit, um ein plötzliches, unberechenbares Ergriffensein – dem sich der Betroffene aber nicht entziehen kann und für das er sogar erhebliche Nachteile auf sich nimmt.

Zu AA 5 (S. 30): Es handelt sich beim Bild des Feuers und des Korbes mit Obst (das bald verfaulen wird) um Bilder des Untergangs. Während es Amos in 7, 4–6 noch gelingt, dass Gott die Strafe rückgängig macht, wird mit dem gebieterischen „Still" in 8, 1–3 eine mögliche Bitte um Schonung strikt unterbunden – die Unheilsansage ist endgültig.

Zu AA 6 (S. 30): Wie die inständige Bitte in 7, 5 zeigt, leidet Amos unter diesen unheilvollen Visionen.

Zu AA 7 (S. 30): Im Unterschied zu Am 3, 3–8, wo es um eine allgemeine Erklärung seines Auftretens als Prophet ging (s. o. AA 1–3), kann man die Erzählung der Visionen als Antwort auf die konkretere Frage auffassen, wie er denn dazu kommt, im prosperierenden Nordreich Unheil anzusagen. Amos macht durch die Schilderung seiner Visionen deutlich: Solche Bilder kann ich nicht für mich behalten, ich muss sie den Betroffenen mitteilen – vielleicht ändern sie ja doch noch ihr Verhalten und können das Unheil abwenden (vgl. 5, 15: *Vielleicht ...*)

Zu AA 1 (S. 31): Anklagepunkte:

8, 4–7:	Verfolgung der Schwachen
	Unterdrückung der Armen im Land
	Betrug beim Getreideverkauf
	Kauf der von ihnen wirtschaftlich ruinierten Armen
5, 7. 10–15:	Missachtung von Recht und Gerechtigkeit
	„Mobbing" derer, die vor Gericht nicht in ihrem Sinne reden
	Verlangen von Pachtgeld von Hilflosen
	Steuern auf das zum Leben und zur Aussaat nötige Getreide
	Anhäufen von Luxusgütern
	Bestechlichkeit

Zu AA 2 (S. 31): Bezüge zwischen der Kritik des Amos und der „Allgemeinen Erklärung der Menschenrechte der UN" lassen sich finden in Art. 1 (gleiche Würde und Rechte aller Menschen), Art. 3 (Freiheit und Sicherheit der Person), Art. 4 (keine Sklaverei oder Leibeigenschaft), Art. 5 (keine erniedrigende Behandlung), Art. 7 (Gleichheit vor dem Gesetz), Art. 10 (Anspruch auf ein unabhängiges und unparteiisches Gericht), Art. 17 (Recht auf Eigentum), Art. 19 (Recht auf freie Meinungsäußerung),

I. Exodus, Dekalog und Propheten: Gott schenkt Freiheit und fordert Gerechtigkeit

---

TA Kritik im Namen Gottes

Wie jede Ursache selbstverständlich eine Wirkung hat, so selbstverständlich ist es für Amos, nach der Berufung durch Gott als Prophet aufzutreten.

Seine Visionen (z. B. vernichtendes Feuer; Korb mit reifem Obst) <u>muss</u> er den Betroffenen einfach mitteilen – vielleicht ändern sie sich ja noch.

Demselben Ziel dient

– seine Sozialkritik, in der er im Namen Gottes viele der modernen Menschenrechte einklagt,
– seine Kritik an dem falschen und bequemen Verständnis von Auserwählung der Reichen und Mächtigen,
– seine Kultkritik: Jahwe verabscheut Opfer und Feste, solange nicht gilt: „Das Recht ströme wie Wasser, die Gerechtigkeit wie ein nie versiegender Bach."

Art. 23 (Recht auf angemessene und befriedigende Entlohnung) – um nur die wichtigsten zu nennen. Heutige Menschenrechtsgruppen müssen sich bei ihrem Engagement freilich nicht von Gott berufen fühlen.

Zu AA 3 (S. 31): Die Auserwählung wird klar angesprochen und mit der Befreiung aus der Sklaverei in Ägypten begründet. Die Konsequenz ist für die Auserwählten aber unbequem: Gerade weil sie auserwählt wurden, müssen sie sich der Auserwählung als würdig erweisen; ansonsten werden sie zur Rechenschaft gezogen. An seine Auserwählten stellt Gott höhere Erwartungen als an die anderen Völker.

Zu AA 4 (S. 31): Die bisher kennengelernte Situation in Israel legt es nahe, dass mit „Vergehen" die „Zustände wie in Ägypten" gemeint sind, an die erinnert wird.

Zu AA 5 (S. 31): Ausbeutung und Sklaverei sollte es also im „auserwählten" Volk nicht geben, dessen Auserwählung gerade durch die Befreiung von solchen Missständen manifest wurde.

Zu AA 6 (S. 31): Recht und Gerechtigkeit unter den Menschen sind Jahwe wichtiger als Verehrung in einem prunkvollen Kult (der auf Kosten der Armen im Land finanziert wird).

Zu AA 7 (S. 31): Es geht darum, dass Jahwes Freiheits- und Gerechtigkeitswille nicht aus dem Leben herausgehalten und in den engen Bereich des Kultes abgedrängt wird – wo dann von denen, die es sich wegen ihrer Ausbeutung der Schwachen leisten können, ein Gott gefeiert wird, der ihr Fehlverhalten noch zu segnen scheint. Jahwes Wille ist anders: Zuerst soll für Recht und Gerechtigkeit gesorgt werden – das ist der wahre Gottesdienst. Und wenn Recht und Gerechtigkeit herrschen, können *alle* Gott danken und ihn ehren.

Zu AA 8 (S. 31): Ein brisantes Diskussionsthema! Klar sollte sein: Wirkliche Gottesverehrung kann sich nicht auf einen kultischen Sektor beschränken („Sonntagschristen"), sondern muss sich in dem Versuch zeigen, Gottes Willen auch im Alltag zu verwirklichen (s. auch die Predigtauszüge von O. Romero S. 37, das Zitat von H. Missalla S. 39 und „NO FAT CATHEDRAL S. 41).

E. Kräutler hat es einmal bündig formuliert: „Glauben und Leben gehören zusammen."

Zu AA 9 (S. 31): „Der Plumpudding" richtet sich ganz klar gegen das egoistische Mehr-Haben-Wollen auf Kosten der Armen. „Die Kathedrale" lässt sich im Hinblick auf die Kultkritik des Amos interpretieren: Alles nur falscher Schein!

Zu AA 10 (S. 31): „Vom Evangelium her muss denen ins Gewissen geredet werden, die die politischen, wirtschaftlichen und sozialen Verhältnisse bestimmen. Solange politische, soziale und wirtschaftliche Verhältnisse nicht nach dem Willen Gottes geordnet und die Notstände in der Welt nicht behoben sind, haben die Gläubigen die Werke der Barmherzigkeit reich und überreich zu üben." Dieses Zitat von Kardinal Frings aus der Gründungsrede von „Misereor" im Jahr 1958 verdeutlicht die große Nähe zu Amos.

*Hinweis für die **15. Stunde** – evtl. vorbereitende Hausaufgabe:*

In AA 1 S. 39 geht es um Informationen über Menschenrechtsorganisationen und kirchliche Hilfswerke. L kann einzelnen S den Auftrag erteilen, sich zu einigen Organisationen Informationen zu beschaffen und diese für die übernächste Stunde in Form von Kurzbeiträgen bereitzuhalten.

13. Martin Luther King (S. 34/35)

Lernziele:

Die Schüler

– erhalten Einblick in M. L. Kings Leben und sein Verhältnis zu Gott.
– erfahren vom friedlichen Bus-Streik in Montgomery.
– lernen Auszüge aus der berühmten Rede „I have a dream" kennen.
– suchen Gemeinsamkeiten zwischen M. L. King und alttestamentlichen Propheten.
– versuchen ihre eigenen Träume in einer Rede zu formulieren.

TA Martin Luther King (1929 – 1968)
Seine „Berufung": Mit friedlichen Mitteln gegen die Segregation (Rassentrennung) kämpfen
Beispiele: – Führer eines Bürgerrechtskomitees beim Bus-Streik in Montgomery (1956)   – „Sommer unserer Unzufriedenheit" (1963): Mobilisierung vieler Amerikaner für die Rechte der schwarzen Bevölkerung
Friedensnobelpreis, „Mann des Jahres" (1964); Ermordung (1968)
1963 hält er in Washington die berühmte Rede „I have a dream" – seine Vision vom Ende der Rassendiskriminierung in Amerika.
Wie die Propheten im AT fühlt er sich für sein Engagement von Gott berufen; hat Auditionen und Visionen; nimmt Nachteile und Gefahren für seinen Einsatz in Kauf; kämpft für Gleichheit, Freiheit und Gerechtigkeit; glaubt, dass die Menschen ihr Leben im Sinne Gottes verändern können.

Hinweise für den Unterrichtsverlauf:

Vorbereitung:

Kopie von M 13 auf Folie; L kann aus einer ausführlicheren Darstellung (CD-ROM) der auf S. 34/35 beschriebenen Ereignisse Einzelnes in den Unterricht einfließen lassen.

Schön wäre es, wenn L sich z. B. von einem Englischlehrer oder aus dem Internet eine Originalaufnahme mit M. L. Kings Rede „I have a dream" besorgen und die S. 35 abgedruckten Auszüge im Unterricht vorspielen könnte.

Einstimmung und Wiederholung:

L zeigt das Zitat M 13 auf Folie; da darin genau das Anliegen des Amos zu Wort kommt, lässt sich leicht an den Inhalt der Vorstunde anknüpfen.

Erarbeitung:

Die *Ergebnissicherung* im TA (s. oben) kann sukzessive während der Lektüre des Textes im Buch oder vor AA 1 S. 35 erfolgen.

Zu AA 1 (S. 34): Die Formulierung eines Streikaufrufs bleibt natürlich den S überlassen. Folgende Gedanken könnten enthalten sein: Man demütigt uns, wir dürfen uns das nicht länger gefallen lassen; aber wenn wir Gewalt anwenden, machen wir uns schuldig und geben den Gegnern, die am längeren Hebel sitzen, auch noch eine Rechtfertigung für noch brutaleres Vorgehen. Also müssen wir unseren Protest mit friedlichen Mitteln vorbringen, damit unsere Gegner keine Handhabe gegen uns bekommen. Streik ist das beste Mittel, denn es ist ja niemand verpflichtet, die öffentlichen Verkehrsmittel zu benutzen. Es wird zwar sehr unbequem für uns, aber die anderen merken doch, dass wir uns nicht alles gefallen lassen, und sie haben zudem einen Verdienstausfall.

Zu AA 1 (S. 35): Als Gemeinsamkeiten zwischen M. L. King und alttestamentlichen Propheten könnten angeführt werden:

– M. L. King fühlt sich als „ein Kanal der Wahrheit" (S. 34 linke Spalte) – das liegt nahe beim Verständnis eines atl. Propheten als „von Gott berufenem Rufer".
– S. 34 rechte Spalte schildert M. L. King, wie er in einer Situation tiefer Verzweiflung durch eine *Audition* eine Bestärkung seiner Berufung erfuhr; die Rede „I have a dream" kann als positive *Vision* angesehen werden.
– Wie die Propheten setzt sich M. L. King für die Gleichheit aller Menschen, für Recht und Freiheit ein (s. den S. 35 abgedruckten Redeauszug).
– Mit den Propheten verbindet ihn weiterhin der Glaube, dass die Menschen ihre Gegenwart und Zukunft im Sinne Gottes verändern können.
– Wie viele Propheten muss er für seine Berufung Zeit seines Lebens Nachteile und Gefahren auf sich nehmen; er wird schließlich sogar ermordet.

14. Oscar A. Romero – ein Prophet des 20. Jahrhunderts (S. 36/37)

Lernziele:

Die Schüler

– erhalten Informationen zur politischen und sozialen Situation in El Salvador sowie zur Person von Erzbischof Romero.
– vergleichen die Lebensverhältnisse Romeros mit denen der alttestamentlichen Propheten, die sie kennengelernt haben.
– lernen Auszüge aus Predigten Romeros kennen und vergleichen sie mit Äußerungen alttestamentlicher Propheten.
– versuchen selbst eine kurze prophetische Rede für die heutige Zeit zu verfassen.

I. Exodus, Dekalog und Propheten: Gott schenkt Freiheit und fordert Gerechtigkeit

> **TA Oscar A. Romero (1917–1980)**
>
> Er macht in der Kirche von El Salvador Karriere und wird 1977 Erzbischof von San Salvador.
>
> Während all der Jahre richtet er sich offenbar nach der von den Machthabern seines Landes erwünschten Devise, die Kirche sei nur für die Seelsorge zuständig und habe sich aus der Politik herauszuhalten.
>
> Erst nachdem er als Erzbischof selbst „hautnah" die brutale Ungerechtigkeit der Großgrundbesitzer gegen Campesinos erlebt hat, „bekehrt" er sich zum Anwalt der Armen.
>
> Er wird zum „Propheten", der die biblischen Forderungen nach Freiheit, Gerechtigkeit und einem menschenwürdigen Leben v. a. in seinen viel beachteten Predigten einklagt.
>
> 1980 wird er dafür am Altar erschossen.

Hinweise zum Unterrichtsverlauf:

Einstimmung und Wiederholung:

Durch nochmaliges Zeigen von M 13 kann an die vorhergehende Prophetenthematik angeknüpft und der Inhalt wiederholt werden.

Erarbeitung:

Die *Ergebnissicherung* im TA (s. oben) kann sukzessive entwickelt oder erst am Stundenende (vor AA 2 S. 37) festgehalten werden.

Wie im Vorwort des Lehrerkommentars zu diesem Kapitel erwähnt, muss die Doppelseite „Methode" (S. 32/33) nicht behandelt werden. Deshalb wird in den Lösungsvorschlägen zu den Arbeitsaufträgen S. 36/37 nur auf Amos eingegangen. Die entsprechenden Antworten zu Micha und Jeremia lassen sich mit Hilfe der S. 32 angegebenen Bibelstellen leicht finden.

Zu AA 1 (S. 36): Amos war Viehzüchter und Maulbeerfeigenpflanzer, hatte damit zwar ein eigenes Einkommen und war materiell gesichert, gehörte aber in der damaligen Gesellschaftshierarchie nur zum Mittelstand. Wie er vor seiner Berufung über die Missstände im Nordreich dachte, von denen er wohl Kenntnis hatte, ist ebenso wenig bekannt wie eine diesbezügliche „Bekehrung". Wir kennen nur Äußerungen von ihm nach seiner Berufung. Wie das Leben des Amos nach seiner wohl nicht sehr lange dauernden Prophetentätigkeit im Nordreich weiter verlief, wissen wir nicht. Ein religiöses Amt bekleidete Amos nicht. Ganz anders O. A. Romero, der als Erzbischof der Hauptstadt ein sehr angesehenes Amt inne hatte. Bei ihm steht fest, dass er die Missstände in seinem Land sehen und erleben konnte – und nichts dagegen unternahm. Erst nach der S. 36 rechte Spalte geschilderten „Bekehrung" wurde er zum Anwalt der Unterdrückten, wobei ihm die Autorität seines Amtes zu beträchtlichem Einfluss gegen die politischen Machthaber verhalf; dadurch wurde er freilich für seine Gegner umso gefährlicher – was schließlich zu seiner Ermordung führte.

Zu AA 1 (S. 37): Es geht in den Predigtzitaten ebenfalls um Kult- und Sozialkritik: Kritik an der Bereicherung korrupter Regierungsbeamten auf Kosten des einfachen Volkes (Zitat 1); Feststellung, dass Transzendenz kein Ausweichen aufs ewige Leben bedeutet, sondern konkrete Solidarität mit den Armen (Zitat 2); Ablehnung eines luxuriösen, veräußerlichten Kultes (Zitat 3); Erinnerung daran, dass der Gott der Offenbarung der Gott der Kleinen und Armen ist (Zitat 4); Warnung vor falscher, verharmlosender Frömmigkeit – stattdessen unbestechliches Aussprechen der Wahrheit (Zitat 5). Zu diesen Äußerungen O. A. Romeros lassen sich aus den S. 30/31 angegebenen Amos-Stellen (man könnte noch 2, 6–8; 3, 9–15; 6, 4–7 dazu nehmen) leicht Parallelen finden, teils in konkreten Einzelbelegen (z. B. Am 5, 10–12: Anklage von Korruption und Bereicherung auf Kosten der Armen), teils in der gemeinsamen Gesamtintention. Dasselbe gilt für Micha und Jeremia.

15. Eigene Möglichkeiten, „prophetisch" zu leben (S. 38/39)

Lernziele:

Die Schüler

– erkennen, dass Gleichgültigkeit und Schweigen Missstände nicht verändern, sondern stabilisieren.

– spüren, wie viel Charakterstärke nötig ist, den Protest gegen Missstände auch auszusprechen und dazu zu stehen.

– informieren sich über Gruppen und Organisationen, denen sie sich bei ihrem Protest anschließen können.

– denken darüber nach, wie sie im Alltag zu mehr Gerechtigkeit und Menschenfreundlichkeit beitragen können.

– entdecken, dass die Vater-unser-Bitte „Dein Wille geschehe" zu einer „Quelle des Widerstandes" werden kann.

TA Prophetisch leben

Man kann selbst „prophetisch" leben, indem man

- nicht gleichgültig die Augen verschließt, sondern Unrecht und Not wahrnimmt
- stark genug ist, dazu öffentlich „Nein!" zu sagen
- sich Gruppen anschließt, die Missstände verändern wollen
- durch ein „Leben gegen den Strich" im eigenen Alltag für mehr Menschlichkeit sorgt
- aus dem Gebet Kraft für den eigenen Widerstand schöpft

Hinweise zum Unterrichtsverlauf:

Vorbereitung:

Kopie von M 14 auf Folie; L informiert sich über das Foto S. 38 (CD-ROM); evtl. Film „Schwarzfahrer" (Medienzentrale)

Einstimmung und Wiederholung:

L zeigt das Zitat von M. Quoist (M 14) auf Folie. Anhand von M. L. King (und ebenso von O. A. Romero) sollen die S kritisch zu dieser Meinung Stellung nehmen. Beide haben gezeigt, dass sich konkretes politisches Handeln und Treue zur prophetischen Sendung durchaus nicht ausschließen müssen.

Erarbeitung:

Will L in dieser mehr auf Nachdenken und Aktivität abzielenden Stunde doch eine *Ergebnissicherung*, so kann die TA (s. oben) sukzessive entwickelt werden.

Zu AA 1 (S. 38): In den Zitaten wird „das Schweigen der guten Menschen" und „das Schweigen oder die Nachsicht" gegenüber „ungerechten Systemen" als „das Schlimmste" bezeichnet. Ein Zusammenhang zu dem Foto lässt sich leicht herstellen: Die beiden gut gekleideten Personen im Restaurant nehmen von dem Bettler davor offensichtlich keine Notiz. Aufgrund dieser Gleichgültigkeit fehlt die Voraussetzung dafür, das „Schweigen" gegenüber dem „ungerechten System", dem der Bettler zum Opfer gefallen ist, zu brechen.

Zu AA 3 (S. 38): Geschildert ist der Vorgang, dass man nach langem Nachdenken und intensiver Gewissenserforschung doch nicht zu seiner innersten Überzeugung steht, sondern nach außen hin das Gegenteil bekundet.

Zu AA 5 (S. 38): Nötige Charaktereigenschaften: Tapferkeit; Mut; Zivilcourage; die Bereitschaft anzuecken, auch unbeliebt zu werden und Nachteile für seine Überzeugung in Kauf zu nehmen.
Will L diese Problematik vertiefen, kann er den in den Medienzentralen erhältlichen Film „Schwarzfahrer" (12 Min.) zeigen, der das in den Eingangszitaten beklagte Schweigen und das Fehlen der in AA 5 besprochenen Charaktereigenschaften deutlich vorführt.

Zu AA 1 (S. 39): Variante 1: Sammeln der Namen von Menschenrechtsorganisationen und kirchlichen Hilfswerken. Es bleibt dann dem einzelnen S überlassen, inwieweit er sich zuhause darüber informiert und sich sogar engagiert.

Variante 2: L ruft die vorbereiteten Beiträge (s. Hinweis am Ende der 12. Std.) ab.

Zu AA 3 (S. 39): Im Grunde liegt hier eine Fortführung dessen vor, was mit der Kultkritik bei Amos beginnt und was E. Kräutler in dem Satz zusammengefasst hat: „Glaube und Leben gehören zusammen": Gottes Wille möge geschehen – Gottes Wille bedeutet Versöhnung, Heil, Verwandlung der Welt. Wer das betet, bezieht sich aktiv in die Verwandlung mit ein. Denn die Menschen sind für die uns von Gott anvertraute Welt verantwortlich. Anders gesagt: Die Menschen, die an Gott glauben, müssen dem, was Gottes Willen entgegensteht, Widerstand entgegenbringen.

Zusammenfassung/Grundwissen (S. 41)

Zum anspruchsvollen Vergleich zwischen der Erzählung von H. Cox und den alttestamentlichen Propheten:

<u>Gemeinsamkeiten:</u>

Brand im Zirkus, der auf das benachbarte Dorf übergreifen kann: Missstände in einem Bereich der Gesellschaft, die die ganze Gesellschaft gefährden können;
der Zirkusdirektor schickt den Clown, um aus dem gefährdeten Dorf Hilfe zu holen: Gott beruft einen Propheten, damit er das gefährdete Volk zur Beseitigung der Missstände aufruft.
Der Clown scheitert mit seinem Hilferuf: der Prophet scheitert mit seinem „Zuruf".
Der Clown leidet unter der Reaktion der Dorfbewohner: Der Prophet leidet unter der Reaktion seiner Adressaten.
Das Feuer vernichtet das Dorf: Die Missstände breiten sich aus und führen zum Untergang.

<u>Unterschiede:</u>

Während bei Cox die Ursache des Brandes unklar bleibt, haben die Missstände, zu deren Beseitigung Propheten aufrufen, klar benennbare Verursacher.
Während man den Clown verdächtigt, sein Hilferuf sei ein Werbetrick (also auf ein für ihn positives Ziel ausgerichtet), werden sich dazu passende Analogien bei den Propheten nicht finden lassen (ihnen wird ja nicht unterstellt, sie seien Sektenführer, die mit falschen Unheilsbotschaften die Menschen in ihre Gemeinschaft treiben wollen).

I. Exodus, Dekalog und Propheten: Gott schenkt Freiheit und fordert Gerechtigkeit

M 1

Erschreckende Zahlen

Mit mindestens 27 Millionen ist die Gesamtzahl heutiger Sklaven bald so groß wie die Einwohnerzahl Kanadas und viermal größer als die der Schweiz.

In seiner Erklärung zum Internationalen Tag der Abschaffung der Sklaverei am 2. Dezember 2002 sagte UNO-Generalsekretär Kofi Annan: „Die Abschaffung der Sklaverei in all ihren Formen bleibt eine der obersten Prioritäten der Vereinten Nationen".

(www.unesco-heute.de)

M 2

Aus der Liturgie der Osternacht

„In der Osternacht wurden Israels Erstgeborene durch das Blut des Lammes vor dem Würgeengel bewahrt.

In der Osternacht zog das Volk Israel auf dem Weg ins versprochene Land mitten durch das Rote Meer und wurde aus der Macht seiner Feinde errettet.

In der Osternacht durchschritt Christus das Meer des Leidens und gelangte in der Auferstehung mit den Seinen in das Reich des Lebens."

(Gotteslob Nr. 207)

Michelangelo: Mose

Michelangelo (1475–1564), Mose, um 1513–16

M 4

„… und bis Hagrid es mir gesagt hat, wusste ich überhaupt nicht, dass ich ein Zauberer bin und auch nichts von meinen Eltern und Voldemort."

Ron stockte der Atem.

„Was ist?", fragte Harry.

„Du hast Du-weißt-schon-wer beim Namen genannt!", sagte Ron entsetzt und beeindruckt zugleich. „Ich hätte nicht gedacht, dass ausgerechnet du –"

„Ich möchte nicht so tun, als ob ich besonders mutig wäre, wenn ich den Namen sage", antwortete Harry. „Ich habe einfach nicht gewusst, dass man es nicht tun sollte. Verstehst du?"

(aus: „Harry Potter und der Stein der Weisen")

M 5

Menschen aller Rassen

Herr
Jesus Christus,
der du von
einer hebräischen
Mutter geboren,
aber voll Freude warst
über den Glauben
einer syrischen Frau
und eines römischen Soldaten;
der du die Griechen,
die dich suchten,
freundlich aufgenommen hast
und zuließest,
dass ein Afrikaner
dein Kreuz trug –
hilf uns,
Menschen aller Rassen
und Nationen,
aller Farben
und Schichten
als Miterben
in dein Reich
zu bringen.

(aus Südafrika)

M 6

Altar der Idole

Variante 1:
Originalkarikatur

Variante 2:
Karikatur ohne die symbolischen Gegenstände des Originals

M 7

Dienstleistungssektor

[Cartoon: Ein Mann am Schreibtisch sagt zu einem Ehepaar: „Legen Sie, neben der Pflege für Ihren alten Herrn, auch etwas Wert auf menschliche Zuwendung..?.." Die Kundin antwortet: „Tja..nun..oh..was würde das mehr kosten?" Unterschrift: DIENSTLEISTUNGSSEKTOR. Signiert T. Plaßmann.]

M 8

Trotz Hungersnot kauft Äthiopien Waffen

Ungeachtet einer drohenden Hungersnot und eines Appells um internationale Nothilfe hat die äthiopische Regierung mit Russland einen Vertrag über die Lieferung von Kampfhubschraubern und Kampfflugzeugen geschlossen. In Äthiopien sind nach Angaben der Regierung aufgrund ausbleibender Regenfälle bis zu acht Millionen Menschen vom Hunger bedroht. Nach Angaben der chinesischen Nachrichtenagentur Xinhua unterzeichnete der äthiopische Verteidigungsminister Walwa bei seinem jüngsten Besuch in Moskau einen Vertrag über die Lieferung von sieben Kampfflugzeugen des Typs MiG-29 und Hubschraubern des Typs MiG-24. Addis Abeba hatte in jüngster Zeit schon 21 der Hubschrauber in Moskau bestellt. Die Devisen, mit den Äthiopien die Rüstungslieferungen bezahlen will, sollen auch aus Verkäufen von Grundnahrungsmitteln stammen.

Üble Nachrede

M 9

Gegen die Bosheit des Herzens steht die Güte machtlos. Der gute Wille eines Nachbarn kann keine Brücke zum Nachbarn schlagen, wenn die Brücke jenseits im Morast der Niedertracht versinkt. So erging es auch dem alten Künzelmann, der einen neuen Nachbarn bekommen hatte und der ohne jeden Anlass Künzelmann in der übelsten Weise verleumdete und Gerüchte über ihn ausstreute, denen zufolge Künzelmann dreimal gekreuzigt und viermal gerädert gehört hätte, die aber jeder wahren Grundlage entbehrten.

Künzelmann, ein Freud des Friedens und der Eintracht, versuchte, zunächst durch Stillschweigen, später durch eine offene Aussprache, diese einseitige Feindschaft zu entwaffnen. Es gelang ihm nicht. Und als sein Nachbar eines Tages wieder verbreitete, Künzelmann hätte dies getan und jenes geäußert, blieb dem Verleumdeten keine andere Wahl, als die Hilfe der Gerichte anzurufen.

Jetzt endlich, in die Enge getrieben, bekannte der Verleumder sein Unrecht. Die offene Tür des Gefängnisses schien ihm zu nahe, als dass er nicht lieber zu Bitten und Betteln seine Zuflucht genommen hätte. „Ich werde es bestimmt nicht wieder tun", versprach er, „ich nehme alles zurück, was ich über Sie erzählt habe!" – Künzelmann sah den andern ernst an. „Ich habe keinen Grund, meinen Nachbarn in ein Unglück zu stürzen", erwiderte er, „jedoch verlangt jede böse Tat ihre Sühne." – „Ich bin gern zu allem bereit." – Künzelmann erhob sich, ging in den Stall und kam mit einem geschlachteten Hahn zurück. Er überreichte ihn dem Nachbarn. „Tragt diesen Hahn in euer Haus, das hundert Schritt von dem meinen steht", befahl er, „dann kommt langsam wieder zurück und rupft den Hahn unterwegs, eine Feder nach rechts und eine nach links werfend. Dies ist der erste Teil Eurer Sühne."

Der Nachbar tat, wie ihm geheißen. Und als er wieder vor Künzelmann stand und ihm den gerupften Hahn überreichte, frage er: „Und der zweite Teil meiner Buße? – Künzelmann antwortete: „Geht jetzt wieder den Weg in Euer Haus zurück und sammelt alle Federn wieder ein." – Der Nachbar stammelte verwirrt: „Ich kann doch die Federn unmöglich wieder sammeln. Ich streute sie wahllos aus, warf eine hierhin und eine dorthin, inzwischen hat der Wind sie längst in alle Himmelsrichtungen getragen. Wie könnte ich sie wieder einfangen?"

Künzelmann nickte ernst: „Dies wollte ich nur hören. Genauso ist es mit der üblen Nachrede und den Verleumdungen. Einmal ausgestreut, laufen sie durch alle Winde, wir wissen nicht, wohin. Wie kann man sie also einfach wieder zurücknehmen?"

(Jo Hanns Rösler)

M 10

Kinder schuften für Spielzeug

Mit Plastik-Spielzeugfiguren als Beigabe versucht die Fast-Food-Kette X, den Absatz von Pommes und Hamburgern zu steigern. Ein Hersteller solcher Figuren, die Firma Y in Z, ist jetzt massiv in die Kritik geraten.

Die Arbeitsschutzorganisation A wirft dem X-Zulieferer vor, seine teilweise minderjährigen Arbeiter mit Dumpinglöhnen und Schichten von maximal 20 Stunden am Tag auszubeuten ... A hatte die Fabrik von Y untersucht und Arbeiter befragt. Dabei sei herausgekommen, dass Y Beschäftigte teilweise einsperre, ihre Personalausweise einbehalte und die unter dem gesetzlichen Mindestlohn liegenden Gehälter regelmäßig erst mit Verzögerung zahle.

(nach einer Pressenotiz)

Aus dem Buch Amos

M 11/1

7,10–11 Amazja, der Priester von Bet-El, ließ Jerobeam, dem König von Israel, melden: Mitten im Haus Israel ruft Amos zum Aufruhr gegen dich auf; seine Worte sind unerträglich für das Land.
Denn so sagt Amos: Jerobeam stirbt durch das Schwert, und Israel muss sein Land verlassen und in die Verbannung ziehen.

7,12–13 Zu Amos aber sagte Amazja: Geh, Seher, flüchte ins Land Juda! Iss dort dein Brot, und tritt dort als Prophet auf!
In Bet-El darfst du nicht mehr als Prophet reden; denn das hier ist ein Heiligtum des Königs und ein Reichstempel.

7,14–15 Amos antwortete Amazja: Ich bin kein Prophet und kein Prophetenschüler, sondern ich bin ein Viehzüchter, und ich ziehe Maulbeerfeigen. Aber der Herr hat mich von meiner Herde weggeholt und zu mir gesagt: Geh und rede als Prophet zu meinem Volk Israel!

3,3–8 Gehen zwei den gleichen Weg, ohne dass sie sich verabredet haben? Brüllt der Löwe im Wald, und er hat keine Beute?
Gibt der junge Löwe Laut in seinem Versteck, ohne dass er einen Fang getan hat?
Fällt ein Vogel zur Erde, wenn niemand nach ihm geworfen hat?
Springt die Klappfalle vom Boden auf, wenn sie nichts gefangen hat?
Bläst in der Stadt jemand ins Horn, ohne dass das Volk erschrickt?
Geschieht ein Unglück in einer Stadt, ohne dass der Herr es bewirkt hat?
Nichts tut Gott, der Herr, ohne dass er seinen Knechten, den Propheten, zuvor seinen Ratschluss offenbart hat.
Der Löwe brüllt – wer fürchtet sich nicht?
Gott, der Herr, spricht – wer wird da nicht zum Propheten?

7,4–6 Dies zeigte mir Gott, der Herr, in einer Vision: Gott, der Herr, rief zur Strafe das Feuer herbei, und das Feuer fraß die große Flut und wollte schon das Land Jakobs verschlingen.
Da rief ich: Gott, mein Herr, halte doch ein! Was soll denn aus Jakob werden? Er ist ja so klein.
Da reute es den Herrn, und er sagte: Auch das soll nicht geschehen.

8,1–3 Dies zeigte mir Gott, der Herr, in einer Vision: Ich sah einen Korb mit reifem Obst. Er fragte: Was siehst du, Amos?
Ich antwortete: Einen Korb mit reifem Obst.
Da sagte der Herr zu mir: Mein Volk Israel ist reif für das Ende. Ich verschone es nicht noch einmal.
An jenem Tag werden die Sängerinnen des Palastes Klagelieder singen – Spruch des Herrn.
Alles ist voller Leichen, überall wirft man sie hin. Still!

Aus dem Buch Amos

M 11/2

4,1–3 Hört dieses Wort, ihr Baschankühe auf dem Berg von Samaria, die ihr die Schwachen unterdrückt und die Armen zermalmt und zu euren Männern sagt: Schafft Wein herbei, wir wollen trinken. Bei seiner Heiligkeit hat Gott, der Herr, geschworen: Seht, Tage kommen über euch, da holt man euch mit Fleischerhaken weg, und was dann noch von euch übrig ist, mit Angelhaken. Ihr müsst durch die Breschen der Mauern hinaus, eine hinter der andern; man jagt euch dem Hermon zu – Spruch des Herrn.

8,4–7 Hört dieses Wort, die ihr die Schwachen verfolgt und die Armen im Land unterdrückt. Ihr sagt: Wann ist das Neumondfest vorbei? Wir wollen Getreide verkaufen. Und wann ist der Sabbat vorbei? Wir wollen den Kornspeicher öffnen, das Maß kleiner und den Preis größer machen und die Gewichte fälschen. Wir wollen mit Geld die Hilflosen kaufen, für ein paar Sandalen die Armen. Sogar den Abfall des Getreides machen wir zu Geld. Beim Stolz Jakobs hat der Herr geschworen: Keine ihrer Taten werde ich jemals vergessen.

5,7.10–15 Weh denen, die das Recht in bittern Wermut verwandeln und die Gerechtigkeit zu Boden schlagen … Bei Gericht hassen sie den, der zur Gerechtigkeit mahnt, und wer Wahres redet, den verabscheuen sie. Weil ihr von den Hilflosen Pachtgeld annehmt und ihr Getreide mit Steuern belegt, darum baut ihr Häuser aus behauenen Steinen – und wohnt nicht darin, legt ihr euch prächtige Weinberge an – und werdet den Wein nicht trinken. Denn ich kenne eure vielen Vergehen und eure zahlreichen Sünden. Ihr bringt den Unschuldigen in Not, ihr lasst euch bestechen und weist den Armen ab bei Gericht. Darum schweigt in dieser Zeit, wer klug ist; denn es ist eine böse Zeit. Sucht das Gute, nicht das Böse; dann werdet ihr leben, und dann wird, wie ihr sagt, der Herr, der Gott der Heere, bei euch sein. Hasst das Böse, liebt das Gute, und bringt bei Gericht das Recht zur Geltung! Vielleicht ist der Herr, der Gott der Heere, dem Rest Josefs dann gnädig.

3,1–2 Hört dieses Wort, das der Herr gesprochen hat über euch, ihr Söhne Israels, über den ganzen Stamm, den ich aus Ägypten heraufgeführt habe. Nur euch habe ich erwählt aus allen Stämmen der Erde; darum ziehe ich euch zur Rechenschaft für alle eure Vergehen.

5,21–24 Ich hasse eure Feste, ich verabscheue sie und kann eure Feiern nicht riechen. Wenn ihr mir Brandopfer darbringt, ich habe kein Gefallen an euren Gaben, und eure fetten Heilsopfer will ich nicht sehen. Weg mit dem Lärm deiner Lieder! Dein Harfenspiel will ich nicht hören, sondern das Recht ströme wie Wasser, die Gerechtigkeit wie ein nie versiegender Bach.

Prophetenbild von Gerhard Marcks

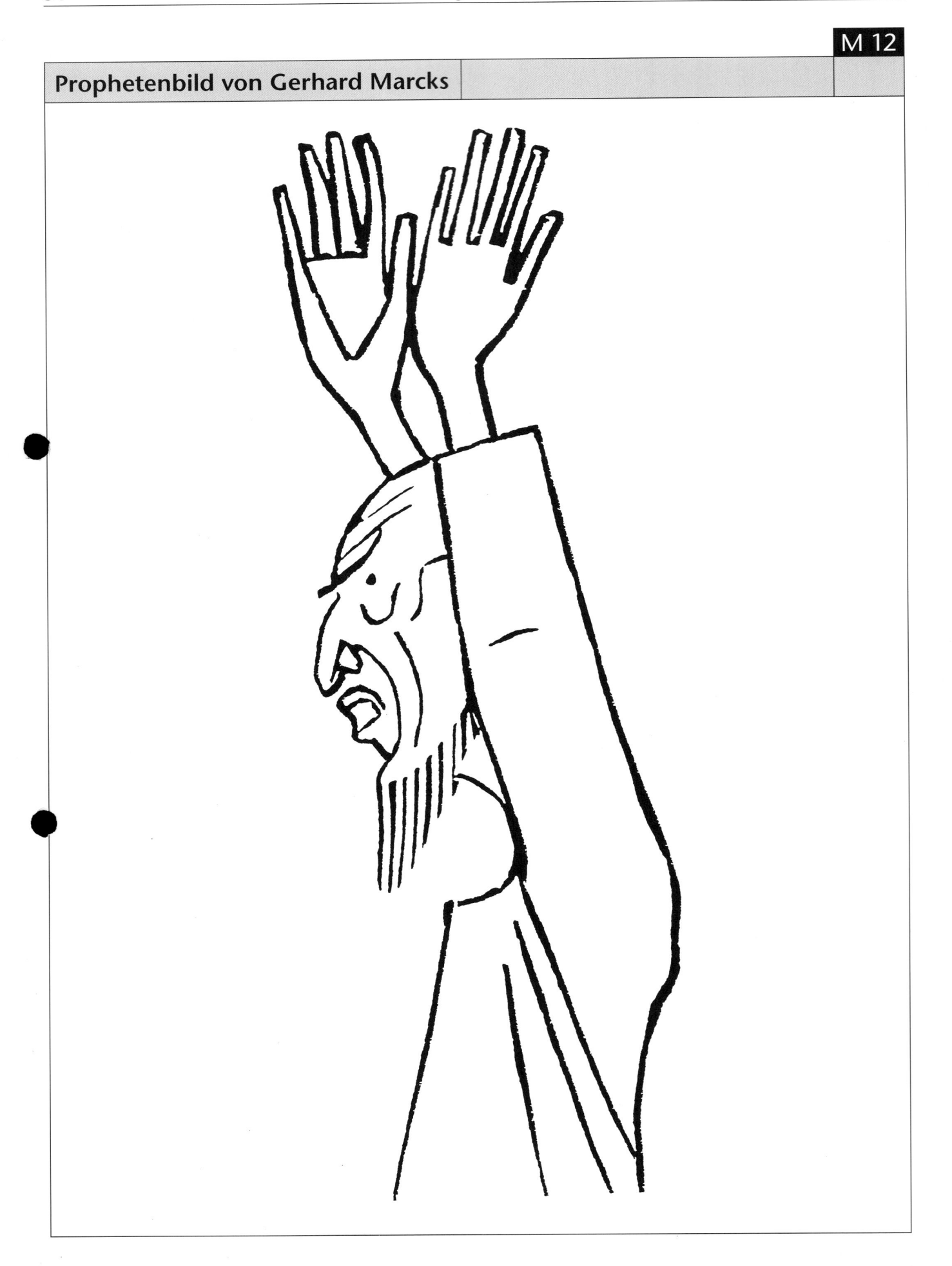

M 13

Wahrer Gottesdienst

„Irenäus von Lyon, ein Heiliger der frühen Kirche, schrieb einst: „Gloria dei est homo vivens." – „Die Ehre Gottes ist der lebendige Mensch."

Damals wie heute bedeutet es, dass sich der wahre Gottesdienst in einem tiefen Respekt vor den Menschen, ihrer Würde, ihren Rechten und all dem äußert, was ihnen dazu verhilft, freie und aufrechte Menschen zu werden."

(Aus einer Predigt von Bischof A. Ramazzini, Guatemala)

M 14

Prophetie und Politik

Wenn der Prophet der Versuchung erliegt, in das Konkrete und Unmittelbare einzugreifen, dann wird er langsam zum Politiker und wird seiner Sendung gegenüber untreu.

(Michel Quoist, … mit offenem Herzen)

II. Das Judentum: Weltreligion und Wurzel des Christentums

Vorbemerkung:

Aufgrund einzelner recht umfangreicher Tafelbilder finden sich bei diesem Kapitel die Vorschläge für das Tafelbild im Anschluss an die Materialien.

1. Bilddoppelseite (S. 42/43)

Lernziele:

– S gewinnen erste Einblicke in die mit der Thematik verbundenen Schwerpunkte und Fragestellungen und tauschen sich über eigene Vorkenntnisse und Einstellungen zum Judentum aus.

Hinweise für den Unterrichtsverlauf:

Vorbereitung:

Ggf. Kopie von M 1 im Klassensatz

Erarbeitung:

Die erste DS besteht aus einer Collage von Textimpulsen und Bildern, die zumindest ansatzweise alle Themenschwerpunkte der Unterrichtseinheit einbeziehen und so Ausgangspunkt für ein erstes Unterrichtsgespräch über das Judentum sein können. Falls dann nicht unmittelbar zur „Spurensuche" übergeleitet wird, könnten die S in PA einen Fragenkatalog zur Behandlung des Judentums im Unterricht zusammenstellen oder sich einem Test über ihre Vorkenntnisse zum Judentum unterziehen (vgl. M 1), der abschließend im UG ausgewertet wird.

2. Spurensuche (S. 44/45)

Didaktische Schwerpunkte/Lernziele:

– S werden sich der Tatsache bewusst, dass das Judentum auf vielfältige Weise in unserer Geschichte und Gegenwart präsent ist, und erhalten Anregungen zu einer eigenständigen „Spurensuche", deren Ergebnisse die Unterrichtseinheit evtl. auch in Form von Kurzreferaten oder einer von S gestalteten Ausstellung begleiten können.

Hinweise für den Unterrichtsverlauf:

Die Anregungen zur Spurensuche auf dieser DS verstehen sich in erster Linie als Impulse für eigenständige Recherchen der S, die im Laufe der Unterrichtseinheit an passender Stelle, zum Beispiel in Form von Kurzreferaten, eingefügt werden können. Wird dies nicht gewünscht, so könnte stattdessen folgendermaßen verfahren werden:

Vorbereitung:

Die vorgeschlagene Erschließung jiddischer Worte und Wendungen könnte evtl. noch mithilfe geeigneter Nachschlagewerke ergänzt werden. Dies gilt auch für die Recherchen zu den aufgeführten jüdischen Persönlichkeiten; je nach örtlichen Gegebenheiten kann dabei das Internet mit einbezogen werden.

Einstimmung/Hinführung:

S äußern sich zunächst spontan zur Fotogalerie S. 44 oben und tragen dann im UG zusammen, was sie aus diesen Fotos über das jüdische Leben in unserem Umfeld erfahren. Dabei können auch die angeführten Beispiele zum Weiterleben jüdischen Brauchtums bzw. zu den Wendungen jiddischen Ursprungs mit herangezogen werden (vgl. den dazugehörigen AA).

Erarbeitung:

Wie einleitend schon erwähnt, sollten hier die Recherchen zu den genannten Persönlichkeiten im Mittelpunkt stehen (vgl. AA 1). Eine mögliche Alternative wäre es, aufgrund der vorliegenden Kurzinformationen darüber zu reflektieren, was diese Persönlichkeiten über ihre jüdische Herkunft hinaus verbindet und in welcher Weise sie unsere Kultur und Geschichte geprägt haben. Daran könnte sich AA 2 anschließen. AA 3 ist als weiterführende HA gedacht.

Anwendung:

Die S erstellen auf der Grundlage ihrer Rechercheergebnisse Plakatwände, die im Laufe der Unterrichtseinheit fortlaufend ergänzt werden.

3. Jahwe als treuer Bundesgott und als Garant menschlicher Freiheit (S. 46/47)

Lernziele:

– S finden einen meditativen Zugang zu einem zentralen Motiv jüdischer Religiosität und arbeiten anhand von Dtn 6,1–9 wesentliche Elemente des jüdischen Credos heraus.

II. Das Judentum: Weltreligion und Wurzel des Christentums

– Sie rufen sich wichtige Daten der jüdischen Geschichte in Erinnerung.

Hinweise für den Unterrichtsverlauf:

Vorbereitung:

Bild 1 auf Folie; CD-Player, Meditationsmusik

Einstimmung/Hinführung:

Das Judentum wurde in der Vergangenheit oft polemisch als „Gesetzesreligion" abgestempelt. Deshalb wird hier ganz bewusst ein meditativer Einstieg gewählt, der den Schwerpunkt auf ein zentrales Motiv jüdischen Glaubenslebens legt: die Wegerfahrung (vgl. dazu auch das Eingangszitat von Irit Ciubotaru). Die Fragen regen in Verbindung mit der Einspielung meditativer Musik zur persönlichen Besinnung an, deren Ergebnisse von den S evtl. auch in Form eines eigenen Lebensweges gestaltet werden können. Zum Abschluss trägt L Psalm 1 vor (die Bücher können an dieser Stelle noch geschlossen bleiben, wenn mit einer Bildfolie gearbeitet wird). Daraufhin wird von den S AA 1 auf S. 46 bearbeitet; einige Ergebnisse können im Anschluss (freiwillig) vorgelesen werden. Dem schließt sich mit AA 2 eine weiterführende Fragestellung an, die gemeinsam im UG geklärt werden sollte.

Erarbeitung:

Auf S. 47 sind grundlegende Informationen zu einer zentralen Säule des jüdischen Glaubens zu finden: der Vorstellung, dass Jahwe die Gläubigen als treuer Bundesgott auf ihrem Weg durch die Geschichte begleitet und ihnen ein Leben in Freiheit eröffnet. Die S tragen diese Informationen in einer kurzen PA zusammen, die Sicherung erfolgt in Form einer TA bzw. im HE, s. TA I.

Vertiefung:

Zur Vertiefung kann die Geschichte „Freundschaft schließen" von Elie Wiesel herangezogen werden (vgl. M 2), die zugleich eine Verbindung zum meditativen Einstieg herstellt. Die beiden AA auf S. 47 unten sind als Impuls für die HA gedacht und sollten deshalb zu Beginn der folgenden Stunde aufgegriffen werden.

4. Die Tora als Orientierung für das Leben (S. 48/49)

Lernziele:

– S erfassen die zentrale Bedeutung der Tora im jüdischen Glaubensleben und erschließen mithilfe ausgewählter Textstellen, wie sich diese Weisungen im Zusammenleben der Menschen konkret auswirken.

Hinweise für den Unterrichtsverlauf:

Vorbereitung:

Kopie von M 3 und M 6 auf Folie, von M 5 und M 7 ebenfalls auf Folie und ggf. zusätzlich im Klassensatz (alternativ können Bibelausgaben in ausreichender Anzahl bereitgestellt werden).

Anknüpfung:

Die Wiederholung wird mit einer Übersicht über die wichtigsten Stationen der Geschichte Israels verknüpft, die als HA rekapituliert werden sollte (vgl. AA 1 auf S. 47). Dabei kann auch M 3 herangezogen werden, eine Übersicht, die bereits im vorangegangenen Schuljahr zum Einsatz kam und die den S deshalb bekannt sein dürfte.

Mögliche Antworten auf die zweite Frage (vgl. AA 2 auf S. 47) sollten nur auf freiwilliger Basis einbezogen werden. Eine mögliche Alternative wäre der Text „Rom, 29.10.1986: Papstaudienz" (vgl. M 4). Dieser wird vom L oder von einem S vorgetragen und danach zu den Inhalten der Vorstunde in Beziehung gesetzt.

Einstieg:

S betrachten das auf S. 48 abgedruckte Foto und bearbeiten gemeinsam im UG die beiden AA. Dabei sollte die sichtbare Freude im Vordergrund stehen, der das Fest „Simchat Tora" auch seinen Namen verdankt.

Erarbeitung:

Danach wird der Lehrtext auf S. 48 gelesen und kurz besprochen. In PA oder Kleingruppenarbeit setzen sich die S im Anschluss daran mit den beiden unteren AA auseinander, wobei ihnen entweder eine Bibel oder M 5 als AB zur Verfügung gestellt werden kann (in diesem Fall sollte darauf hingewiesen werden, dass es sich hier um jüdischen „Originalton" handelt, nämlich um die unter deutschsprachigen Juden sehr verbreitete Übersetzung des Alten Testaments von Leopold Zunz). Die Auswertung erfolgt im LSG, die Ergebnisse werden mit einer TA bzw. im HE gesichert, s. TA II.

Vertiefung:

Die S bearbeiten zunächst still für sich die AA zu Lev 19,18 sowie zu Mk 12,28–31. Die Auswertung erfolgt im LSG; dabei sollte besonders darauf hingewiesen werden, dass die zuvor erarbeiteten Weisungen – gewissermaßen die Vorläufer unserer heutigen Sozialgesetzgebung – letztlich im zentralen Gebot der Nächstenliebe begründet sind. Bei dem Vers Lev 19,18 mit dem Gebot der Nächstenliebe handelt es sich der jüdischen Auslegungstradition zufolge um die strukturelle Mitte der Tora, auf die alle anderen Vorschriften hingeordnet sind. Daraus ergibt sich ein unmittelbarer Zusammenhang zwischen Gottesliebe und Nächstenliebe, der abschließend noch in das TB eingefügt wird.

Weiterführung:

Vor dem Hintergrund der erarbeiteten Erkenntnisse zur Bedeutung der Tora im Leben der jüdischen Gläubigen erhalten die S im Lehrtext auf S. 49 unten einen kleinen Einblick in die Rolle der mündlichen Tora, die unser Bild vom Judentum heute in hohem Maße bestimmt. Dies kann auch in Form eines kleinen LV erfolgen. Dabei kommt es entscheidend darauf an, den S einen Eindruck davon zu vermitteln, dass strenggläubige Juden in der strikten Befolgung dieser Vorschriften etwas durchaus Positives sehen; etwas, das ihrem Leben Halt und Orientierung gibt und das sie gerade im Alltag in besonderem Maße mit Gott verbindet.

Der erste AA auf S. 49 unten kann auch als HA gestellt werden (evtl. in Form einer Internet-Recherche oder alternativ mit M 6 als AB). Wird aus Zeitgründen auf diese Weiterführung verzichtet, so kann die Diskussion (vgl. AA 2) auch unabhängig davon durchgeführt oder mit der Wiederholung in der Folgestunde verknüpft werden.

5. Jerusalem und das von Gott geschenkte Land mit Exkurs „Israel im Brennpunkt politischer Konflikte in der Gegenwart"
(S. 50–53)

Lernziele:

- S entwickeln Verständnis dafür, dass dem Land Israel und der Stadt Jerusalem im Judentum ein sehr hoher religiöser Stellenwert zukommen.
- Sie gewinnen Einblick in die Geschichte des Staates Israel und die Hintergründe der Nahost-Problematik (fakultativ).

Hinweise für den Unterrichtsverlauf:

Vorbereitung:

Thesen (vgl. M 7) einzeln auf Posterformat vergrößern; Kopie von M 8 auf Folie und ggf. zusätzlich im Klassensatz

Einstieg:

Die Anknüpfung an die Vorstunde erfolgt mithilfe einer Positionierungsübung. Die beiden Thesen von M 7 werden in zwei Ecken des Klassenzimmers angebracht und die S beziehen je nach Einstellung einen persönlichen „Standpunkt", der in einer kurzen Aussprache auch begründet wird. Dem kann sich die Besprechung der HA (vgl. die AA auf S. 49 unten) anschließen; wurde auf die Hausaufgabenstellung verzichtet, können die AA auch erst an dieser Stelle aufgegriffen werden und leiten auf diese Weise zur dritten Säule des Judentums über: dem Land Israel und der Stadt Jerusalem in ihrer religiösen Funktion als der Ort, an dem die Weisungen der Tora auf exemplarische Weise umgesetzt werden.

Erarbeitung:

In einem ersten Schritt kann das „Kleine geschichtliche Credo" (Dtn 26,5b–11) von L oder einem S vorgetragen und im UG kommentiert werden. Danach lesen die S den Lehrtext auf S. 50 und bearbeiten in PA die beiden AA auf S. 50 unten. Beim AA 1 sollte eine kleine Strukturskizze zur Beziehung zwischen Gott und Mensch erstellt werden; aus den Vorschlägen der S kann dann ein gemeinsames TA entwickelt und ggf. mit TA I verglichen werden (s. TA III).

Bei der Besprechung der beiden AA sollte nochmals deutlich herausgestellt werden, dass Gott immer den ersten Schritt macht: Er eröffnet seinem Volk mit der Tora einen Weg in ein Leben in Freiheit und Sicherheit und schenkt ihm zugleich eine neue Heimat. Die Menschen werden dazu aufgerufen, dieses Geschenk dankbar anzunehmen und auch die Fremden in ihrer Mitte daran teilhaben zu lassen (hier findet sich eine unmittelbare Parallele zu den erarbeiteten gesellschaftspolitischen Weisungen der Tora). Die übereinstimmende Grundstruktur von Dtn 6,1–9 bzw. Dtn 26,5b–11 macht darüber hinaus sichtbar, dass die Tora einerseits und das Leben im „gelobten Land" andererseits eine analoge Funktion haben: Beide stellen sie ein entscheidendes Bindeglied im Bund zwischen Gott und seinem Volk Israel dar.

Aktualisierung:

Mit Blick auf die Nahostproblematik, deren Hintergründe den S zumindest in Umrissen vertraut sein sollten, bietet es sich an, den Blick vom religiösen Stellenwert des Landes als der dritten Säule des Judentums auf die heutige Situation zu lenken, wo diese religiösen Zusammenhänge eine entscheidende Rolle spielen. So können die S in GA auf der Grundlage des Lehrtextes auf S. 51 sowie in einer Recherche-Übung wichtige Daten zur Gründung und zur Geschichte des Staates Israel zusammentragen und auf dieser Basis die Frage diskutieren, warum die Gründung des Staates Israel auch als religiöser Akt verstanden werden kann, obwohl der Zionismus ursprünglich keine religiösen Ziele verfolgte, und welche Konsequenzen das für die heutigen politischen Auseinandersetzungen hat (vgl. den letzten AA auf S. 51; alternativ kann auch mit M 8 gearbeitet werden).

Dieser Aktualisierungsphase kann sich in aufgeschlossenen Klassen **fakultativ** *eine weitere Stunde auf der Grundlage von S. 52/53 anschließen; diese DS ist vor allem darauf ausgerichtet, die Sensibilität der S für die unterschiedlichen Positionen im Nahost-Konflikt zu schärfen. Evtl. könnte sich daraus auch eine Initiative entwickeln, mit einer Schule* *dieser Krisenregion per E-Mail in Verbindung zu treten (vgl. dazu die Ideenbörse S. 72) und die erarbeiteten Zusammenhänge auf diese Weise weiter zu vertiefen.*

6. Der jüdische Festkalender – Das Pessachfest als ein Höhepunkt des jüdischen Festkalenders (S. 54/55)

Lernziele:

– S erhalten eine Übersicht über die Grundstruktur und die wichtigsten Feste im jüdischen Festkalender und wenden die gewonnenen Erkenntnisse auf das Pessachfest als einem Höhepunkt des jüdischen Festkalenders (neben dem Fest Jom Kippur) an.

Hinweise für den Unterrichtsverlauf:

Vorbereitung:

Folie von der Feier des Sederabends in einer jüdischen Familie; Kopie von M 9 im Klassensatz oder auf Folie (andernfalls Bibeln bereithalten).

Hinführung:

Die Stunde wird mit einer kurzen Bildbetrachtung eröffnet. Die S beschreiben, was sie auf dem Bild wahrnehmen, und vergleichen die dargestellte Situation mit eigenen Erfahrungen aus Familienfeiern oder religiösen Festen.

Erarbeitung:

Zunächst verschaffen sich die S anhand der kurzen Übersicht auf S. 54 einen Überblick über die wichtigsten Feste im jüdischen Festkalender. Im LSG sollte herausgestellt werden, dass die meisten Feste sowohl einen Bezug zum Erntejahr als auch einen geschichtlichen Hintergrund haben. Beide Aspekte, Natur und Geschichte, sind jedoch letztlich auf das gegenwärtige Leben des Gläubigen ausgerichtet, der sich die großen Ereignisse in der Geschichte des Volkes Israel immer wieder aufs Neue vergegenwärtigt und daraus Kraft und wegweisende Orientierung für die Gestaltung seines Alltags gewinnt. Beim Blick auf den Festkalender sollte auch deutlich werden, dass der Jahresanfang im Judentum ganz im Zeichen der Versöhnung steht: Mit Rosch ha-Schana beginnt die Reihe von zehn Bußtagen, in denen man sich aktiv darum bemühen sollte, mit all den Menschen Frieden zu schließen, mit denen es im Jahr zuvor Streit gegeben hat. Der Versöhnung mit Gott an Jom Kippur geht also stets die Versöhnung mit den Mitmenschen voraus.

In einem zweiten Schritt vergleichen die S in PA den jüdischen mit dem christlichen Festkalender; es bietet sich an, dabei eine tabellarische Übersicht erstellen zu lassen, die zeigt, wie eng die Entstehung des Christentums mit dem Judentum verknüpft ist, und damit zugleich auf S. 62 vorausweist.

Vertiefung:

Die nähere Beschäftigung mit dem Pessachfest dient der exemplarischen Vertiefung des jüdischen Festkalenders. Dabei lernen die S einen ersten Textauszug aus der Erzählung „Der Rabbi von Bacherach" von Heinrich Heine kennen, der ihnen zuvor schon als bedeutende jüdische Persönlichkeit begegnet ist. Heinrich Heine trat zwar aus Gründen der gesellschaftlichen Konvention zum Christentum über, war jedoch zugleich Gründungsmitglied des „Vereins für Cultur und Wissenschaft der Juden" und verstand seine Erzählung selbst als eine Art Wiedergutmachung an der Religion seiner Väter; er hat sich aus diesem Grund während der Arbeit an diesem Text eingehend mit den jüdischen Bräuchen befasst und auch fachlichen Rat bei seinem Freund Leopold Zunz (1794–1886) eingeholt, der als einer der großen jüdischen Gelehrten des 19. Jahrhunderts angesehen werden kann. So werden die einzelnen Elemente des Sederabends hier durchaus präzise benannt und können von den S leicht nachvollzogen werden. Wenn Heine in diesem Zusammenhang von der Pessach-Haggada als einem „abenteuerlichen Buch" spricht, so ist dies keinesfalls abwertend gemeint, sondern es wird dem damaligen Wortsinn nach vielmehr hervorgehoben, dass es sich dabei um ein außerordentliches, ungewöhnliches Buch handelt. Diese Einschätzung könnte evtl. auch durch eine Internet-Recherche zu den Texten der Pessach-Haggada nachvollzogen werden.

Nachdem die S sich anhand des Textausschnittes über die Besonderheit des Sederabends informiert haben, vergleichen sie dessen Elemente und Ablauf mit Mk 14,12–25, wobei M 9 als AB oder Folie eingesetzt werden kann. Die Ergebnisse werden in einem TA bzw. HE gesichert (vgl. TA IV).

Die inhaltliche Vertiefung erfolgt in einem UG mit der gesamten Klasse, die TA wird entsprechend ergänzt.

7. Die „Wonne des Schabbat" – Feiern auf dem Lebensweg eines Juden (S. 56/57)

Lernziele:

– S sollen sich des hohen Stellenwertes des Schabbat im Judentum bewusst werden und anhand der wichtigsten Feiern auf dem Lebensweg eines Juden nachvollziehen, wie stark der Glaube im Judentum im alltäglichen Leben verankert ist.

Hinweise für den Unterrichtsverlauf:

Vorbereitung:

Kopie von M 10 auf Folie oder im Klassensatz

Einstimmung:

L präsentiert das Lied, das im Judentum untrennbar mit der Feier des Schabbat verknüpft ist. Dazu kann ggf. auch der Liedtext auf Folie oder als AB gezeigt werden (M 10). In einer kurzen Besprechung wird anhand der einzelnen Liedstrophen aufgezeigt, welche große Bedeutung der „Braut Schabbat" im Judentum zukommt.

Erarbeitung I:

S lesen den Erfahrungsbericht von Johanna Degkwitz; alternativ kann dieser Text auch von L oder einem S vorgetragen werden. Danach tauschen sich die S darüber aus, wie diese Form der Sabbatheiligung auf sie wirkt, und vergleichen diese Eindrücke mit ihren eigenen Erfahrungen mit der sog. „Sonntagsruhe". Bei der Besprechung der Regelungen für die Heiligung des Schabbat ist unbedingt darauf zu achten, dass diese nicht ins Lächerliche gezogen werden. Vielmehr sollten die S darauf hingewiesen werden, dass diesen Vorschriften eine enorme soziale Bedeutung zukam, da sie die arbeitende Bevölkerung (damals zum Beispiel die Dienstboten und Sklaven) vor Ausbeutung schützte (vgl. dazu auch die Hintergrundinformationen der Info-Box, die in das LSG einbezogen werden sollten). Hinzu kommt als zweiter Aspekt, dass auch die Schöpfung einmal zur Ruhe kommen sollte, indem der Mensch wenigstens an einem Tag in der Woche darauf verzichtet, verändernd in sie einzugreifen – ein Gedanke, der heute aus Gründen des Umweltschutzes eine ganz neue Aktualität gewonnen hat. Der Erarbeitung dieser Zusammenhänge könnte sich eine kurze Pro- und Kontra-Diskussion über die Frage anschließen, ob wir Christen nicht besser Elemente der Sabbatheiligung für den Sonntag übernehmen sollten, anstatt die Sonntagsruhe zunehmend in Frage zu stellen (vgl. die nach wie vor aktuellen Diskussionen über die Lockerung des Ladenschlusses); alternativ könnte den S aufgetragen werden, als HA einen Leserbrief oder eine kommentierende Stellungnahme zu dieser Frage zu verfassen.

Erarbeitung II:

Der zweite Schwerpunkt dieser DS ist den Feiern auf dem Lebensweg eines Juden gewidmet. Bei beiden Aspekten geht es darum, exemplarisch aufzuzeigen, wie sehr der Glaube im Judentum das gesamte Leben durchdringt. In aGA setzen sich die S mit den vier hier angesprochenen Feiern auseinander und bearbeiten den AA auf S. 57 unten. Die Ergebnisse werden anschließend im Plenum zusammengetragen, wobei dem Vergleich mit den christlichen Sakramenten ein besonderes Gewicht zukommen sollte.

8. Glaube und Alltag (S. 58–61)

Lernziele:

– S erhalten anhand der drei Elemente Speisegesetze, Gottesdienst und Gebet weitere Einblicke in das alltägliche Leben des jüdischen Gläubigen und reflektieren abschließend darüber, wie sich hier wesentliche Grundzüge des jüdischen Glaubens widerspiegeln.

Hinweise für den Unterrichtsverlauf:

Vorbereitung:

Kopie des Bildes von S. 60 evtl. auf Folie

Hinführung:

Als Einstieg kann nochmals daran erinnert werden, was das Wort „koscher" im Judentum bedeutet (vgl. S. 44).

Erarbeitung:

In der Erarbeitungsphase sollte aus Zeitgründen arbeitsteilig verfahren werden. Jeweils eine Gruppe (die Gruppen sind je nach Klassengröße doppelt zu besetzen) beschäftigt sich auf der Grundlage der Lehrbuchtexte und der dazugehörigen AA mit den Speisegesetzen, dem jüdischen Gottesdienst und dem Gebet im Judentum. Nachdem die einzelnen Gruppen ihre Ergebnisse im Plenum vorgetragen haben, können einzelne Aspekte ggf. noch im LSG ergänzt oder vertieft werden.

Vertiefung:

Da in dieser Stunde die eingehende Beschäftigung mit den Besonderheiten der jüdischen Religion abgeschlossen wird, sollte an ihrem Ende eine meditative Vertiefung stehen, die noch einmal verdeutlicht, dass das Gebot der Nächstenliebe, die enge Verknüpfung zwischen der Beziehung zu Gott einerseits und der Beziehung zu den Mitmenschen andererseits, im Zentrum des jüdischen Selbstverständnisses steht. Dies kommt auch in dem Bild „Identity" von Ben Shahn zum Ausdruck. Die S schauen sich das Bild zunächst einmal in Ruhe an und sprechen dann über ihre Beobachtungen und Empfindungen bei der Betrachtung des Bildes. Danach sollten sie versuchen, eine Beziehung zwischen den Bildelementen und -strukturen sowie dem Ausspruch Hillels aus den „Sprüchen der Väter" herzustellen. Zum Abschluss kann die Bildbetrachtung noch durch den Text auf S. 61 abgerundet werden, der von L vorgetragen wird, während die S sich nochmals ganz auf das Bild konzentrieren. Der AA auf S. 61 unten könnte auch als HA gestellt werden, um den S die Gelegenheit zu geben, ihr erworbenes Wissen über das Judentum noch einmal ganz persönlich zu reflektieren oder zum Beispiel auch auf der Grundlage des vorliegenden Materials in Form eines kurzen Lexikonartikels zusammenzufassen.

II. Das Judentum: Weltreligion und Wurzel des Christentums

9. Jesus als gläubiger und als streitbarer Jude (S. 62/63)

Lernziele:

– S erarbeiten anhand ausgewählter Textstellen, dass Jesus sein Leben als gläubiger Jude geführt hat, und werden sich damit des engen entstehungsgeschichtlichen Zusammenhangs zwischen Judentum und Christentum bewusst.
– Sie erhalten einen ersten Einblick in die Konflikte, die Jesus mit führenden Vertretern des Judentums seiner Zeit ausgetragen hat.

Hinweise für den Unterrichtsverlauf:

Vorbereitung:

Kopie von M 11 als Folie und/oder im Klassensatz, alternativ können auch Bibeln in ausreichender Anzahl bereitgehalten werden, Kopie von M 12 und ggf. auch der Holzschnitt von Sigmunda May (Bild 3) auf Folie

Hinführung:

Als Einstieg könnte der Text von Schalom Ben-Chorin dienen (vgl. S. 62 unten). Die S stellen in PA zusammen, welche Gemeinsamkeiten zwischen Judentum und Christentum der Text benennt (absolutes Gottvertrauen; Bereitschaft, den Willen Gottes zu erfüllen) und wo er die entscheidenden Differenzen sieht (Jesus ist nur Mensch; ihm kommen keine göttlichen Eigenschaften zu, er ist auch nicht der erwartete Messias). Im Anschluss an die Auswertung der PA kann mit den S noch kurz die Frage diskutiert werden, warum Schalom Ben-Chorin Jesus dennoch als seinen „jüdischen Bruder" bezeichnen kann.

Dieser Einstieg kann evtl. noch durch einige Informationen über das Leben Schalom Ben-Chorins ergänzt werden. Dieser wurde 1913 als Fritz Rosenthal in München geboren. Nach mehreren Verhaftungen und Misshandlungen durch die Nationalsozialisten emigrierte er 1935 nach Palästina, wo er sich zunehmend religionswissenschaftlichen Fragestellungen widmete. 1956 kehrte er erstmals wieder nach Deutschland zurück und machte sich den Dialog zwischen Juden und Christen von da an bis zu seinem Tod im Jahr 1999 zur Lebensaufgabe.

Erarbeitung:

Der Frage nach der jüdischen Identität Jesu wird zunächst anhand der beiden Textausschnitte Lk 2,21 und Lk 2,41–43a (vgl. S. 62 oben) nachgegangen. Bei der Bearbeitung des ersten AA greifen die S auch auf ihre in den Vorstunden erworbenen Kenntnisse über das Judentum zurück.

Die zweite Fragestellung (vgl. AA 2 auf S. 62) wird mit Hilfe eines AB (vgl. M 11) oder zur Verfügung stehender Bibeln in GA beantwortet. Die Ergebnisse werden im Plenum zusammengetragen und in einer TA bzw. im HE gesichert, s. TA V.

Auf der Grundlage dieser Ergebnisse setzen sich die S gemeinsam im LSG mit dem AA 3 und 4 auseinander und kehren damit zur Aussage von Schalom Ben-Chorin zurück, zu der sie nun begründet Stellung nehmen können.

Vertiefung:

In der letzten Phase dieser Unterrichtsstunde setzen sich die S mit der Perikope Lk 13,10–17 auseinander, wobei ihnen – falls nicht ohnehin schon Bibeln bereit liegen – M 12 auf Folie zur Verfügung gestellt werden kann (vgl. die AA auf S. 63). Dabei können auch die in den Vorstunden gewonnenen Erkenntnisse über die Bedeutung des Schabbat im Judentum mit einfließen. Die S sollten außerdem darauf hingewiesen werden, dass solche Auseinandersetzungen über die richtige Auslegung der Tora im Judentum durchaus üblich sind (allein innerhalb des Pharisäismus gab es zur Lebenszeit Jesu sieben verschiedene Schulen mit jeweils eigenen Auslegungstraditionen). Indem Jesus das Wohl der leidenden Frau entschieden an erste Stelle setzt, bezieht er jedoch innerhalb dieser Auseinandersetzungen klar Position und relativiert zugleich die Bedeutung der mündlichen Tora zugunsten des Gebots der Nächstenliebe: Er erweist sich damit als „streitbarer Jude".

Diese Überlegungen können mithilfe des Holzschnittes von Sigmunda May abschließend vertieft werden. Dieser stellt offenbar die Intention Jesu in den Vordergrund, die Außenseiterrolle der Frau zu überwinden und ihr auf diese Weise wieder eine „aufrechte Haltung" innerhalb der Gemeinschaft zu ermöglichen.

10. Der Ursprung des Konflikts zwischen Judentum und Christentum und seine Folgen für die junge christliche Gemeinde (S. 64/65)

Lernziele:

– S erhalten Einblick in den Ursprung des Konflikts zwischen Judentum und Christentum und die weitere Entwicklung bis zum Ende des 1. Jh.s und setzen sich mit der Frage auseinander, welche Lehren wir aus diesen Konflikten für die Gegenwart ziehen können.

Hinweise für den Unterrichtsverlauf:

Vorbereitung:

Das Glasfenster von Claus Wallner (Bild 4), sollte auf eine Folie kopiert werden, um die Wirkung zu erhöhen. Ergänzend zum Lehrtext auf S. 65

kann den S die neutestamentliche Textstelle Mt 23,1–39 in gekürzter Form auf einem AB zur Verfügung gestellt werden (M 14). Wird das Glaubensbekenntnis des Maimonides in der Erarbeitungsphase mit einbezogen, sollte M 13 auf Folie oder im Klassensatz kopiert werden.

Einstieg:

Am Anfang der Stunde steht eine Bildbetrachtung, wobei das Glasfenster von Claus Wallner nach Möglichkeit als Bildfolie zum Einsatz kommen sollte. Die S arbeiten die gegensätzliche Haltung der beiden Figuren heraus und formulieren aus deren Perspektive jeweils einen Rollensatz; auf dieser Grundlage wird dann im UG die Konfliktsituation zwischen dem Judentum und dem frühen Christentum besprochen. Die Bildbetrachtung kann dadurch abgerundet werden, dass L Apg 7,54–60 vorträgt. Abschließend werden im UG Vermutungen darüber angestellt, wie es nur wenige Jahre nach Jesu Tod zu einer solchen Konfrontation kommen konnte.

Erarbeitung:

Den Ursprung dieses Konflikts erarbeiten die S anhand des Lehrtextes auf S. 64, wobei das Zitat von Martin Buber (s. grau unterlegtes Kästchen) im Mittelpunkt stehen sollte. Bei der Auswertung und Sicherung der Ergebnisse ist klar herauszustellen, dass hier zwei völlig unterschiedliche, letztlich unvereinbare Messias-Erwartungen aufeinanderprallen (vgl. TA VI). In aufgeschlossenen Klassen kann auch das Glaubensbekenntnis des Maimonides (1135–1204, M 13) mit herangezogen werden, das eine vertiefende Betrachtung der grundlegenden Glaubensaussagen von Judentum und Christentum ermöglicht.

AA 2 auf S. 64 könnte auch als HA gestellt werden. Wird er noch in der Stunde selbst von den S ausgeführt, dann kann die weitere Entwicklung bis zum Ende des 1. Jh.s (vgl. Weiterführung) auch in Form eines kurzen LV oder in einem Kurzreferat durch einen S zusammengefasst werden.

Weiterführung:

Die weitere Entwicklung wird im Lehrtext auf S. 65 zusammengefasst und knüpft an den Einstieg an. Die S lesen den Text still für sich durch und erstellen auf der Grundlage der vorliegenden Informationen (dabei kann ggf. auch M 14 als AB ergänzend mit einbezogen werden) eine Chronik der zunehmenden Entfremdung zwischen Judentum und Christentum.

Die im letzten AA auf S. 65 aufgeworfene Frage, welche Lehren wir aus dieser frühen Entfremdung ziehen können, ist ein erster Denkanstoß, der in den folgenden Stunden noch genauer aufgegriffen wird.

11. Die Verfolgung der Juden im Mittelalter (S. 66/67)

Lernziele:

– S setzen sich mit den Gründen auseinander, die in der Geschichte des Christentums zu Judenpogromen geführt haben, und überlegen, welche Konsequenzen sich daraus für den interreligiösen Dialog der Gegenwart herleiten lassen.

Hinweise für den Unterrichtsverlauf:

Vorbereitung:

Für weitere Recherchen zu den Gründen, die immer wieder zur Diskriminierung und Verfolgung der Juden geführt haben, sollten geeignete Nachschlagewerke und Geschichtsbücher bereitgelegt werden. Je nach örtlichen Gegebenheiten kann hier auch das Internet mit einbezogen werden.

Hinführung:

Der Textausschnitt aus der den S bereits bekannten Erzählung „Der Rabbi von Bacherach" von Heinrich Heine wird von L vorgetragen, während die Bücher zunächst noch geschlossen bleiben. Danach notieren die S still für sich, was sie beim Zuhören empfunden haben. Diese Eindrücke sind Grundlage für einen ersten kurzen Erfahrungsaustausch.

Erarbeitung:

In GA tragen die S Gründe zusammen, die im Text für die Judenverfolgung genannt werden, und ergänzen diese nach Möglichkeit durch Nachschlagewerke oder eine Internetrecherche (vgl. AA 1, S. 67). Die erarbeiteten Gründe werden auf einer Folie oder einem Plakat festgehalten und anschließend im Plenum vorgestellt und verglichen.

Anwendung:

Die S denken abschließend im Plenum darüber nach, welche Konsequenzen sich aus den erarbeiteten Zusammenhängen mit Blick auf den interreligiösen Dialog der Gegenwart ziehen lassen. Sollte etwas mehr Zeit zur Verfügung stehen, so könnte auch in einer weiteren Gruppenarbeitsphase eine Art Forderungskatalog mit Gesprächsregeln für diesen Dialog erstellt werden.

II. Das Judentum: Weltreligion und Wurzel des Christentums

12. „Die Erinnerung ist eine Pflicht gegenüber den Toten" (S. 68/69)

Lernziele:

– S vollziehen anhand von drei ausgewählten Texten nach, was die Schoah für den einzelnen Betroffenen bedeutet hat, und werden so sensibilisiert für die Probleme, die sich daraus für den jüdisch-christlichen Dialog der Gegenwart ergeben.

Hinweise für den Unterrichtsverlauf:

Hintergrundinformationen zu den ausgewählten Textbeispielen und zur Funktion dieser Doppelseite:

*Beim ersten Text handelt es sich um einen **Originalbrief**, der für das vorliegende Lehrbuch aus dem Niederländischen übersetzt wurde. Der Name der Verfasserin ist nicht bekannt, auch über ihr weiteres Schicksal konnte bislang nichts in Erfahrung gebracht werden. Gerade das macht den Brief zu einem besonders authentischen, bewegenden Dokument.*

***Primo Levi** wurde 1919 in Turin geboren und wuchs in einer liberalen jüdischen Familie auf. Er schloss mit Auszeichnung ein Chemie-Studium ab, auf seinem Abschlusszeugnis war jedoch der Vermerk „von jüdischer Rasse" zu finden. Im Herbst 1943 schloss er sich der italienischen Widerstandsbewegung an. Er wurde nach kurzer Zeit gefasst und kam in ein speziell für Juden eingerichtetes Konzentrationslager bei Modena, dessen Insassen am 11. Februar 1944 nach Auschwitz deportiert wurden. Dort verbrachte er elf Monate bis zur Befreiung durch die Rote Armee. Nur fünf der ursprünglich 650 italienischen Juden, mit denen er nach Auschwitz gekommen war, haben das Lager überlebt. Sofort nach der Befreiung hielt er seine Erfahrungen in dem autobiographischen Bericht „Ist das ein Mensch?" fest, dem das vorliegende Gedicht vorangestellt wurde. Nach der Heimkehr nach Italien arbeitete er zunächst hauptberuflich wieder als Chemiker, erst ab 1977 widmete er sich ganz dem Schreiben. Am 11. April 1987 kam er durch einen Treppensturz ums Leben. Es wird angenommen, dass es sich dabei um einen Freitod gehandelt hat, zumal Primo Levi in seinem letzten, ein halbes Jahr vor seinem Tod erschienenen Buch „Die Untergegangenen und die Geretteten" eindringlich zu erkennen gab, wie sehr ihn „das größte Verbrechen in der Geschichte der Menschheit" nach wie vor persönlich belastet hat. Schon das Gedicht „Ist das ein Mensch?" beschwört die Notwendigkeit und zugleich die große Last dieser Erinnerungen und setzt sie mit seiner wörtlichen Anspielung auf Dtn 6,4–9 an die Stelle der Erinnerung an die große Befreiungstat Jahwes, der im Judentum an sich ein so großer Stellenwert zukommt.*

*Da **Edith Stein** bereits S. 45 unter den bedeutenden jüdischen Persönlichkeiten aufgeführt ist, wird ihr Schicksal an dieser Stelle nochmals aufgegriffen. Sie steht hier zugleich stellvertretend für alle Christen jüdischen Ursprungs, die dem Terror der Nationalsozialisten zum Opfer fielen.*

Auch in dieser Stunde sollten die Dokumente weitgehend für sich sprechen. Eine detaillierte Aufarbeitung der Geschichte des Nationalsozialismus sowie der Gründe, die zum Massenmord an ca. sechs Millionen jüdischer Männer, Frauen und Kinder geführt haben, ist vom Lehrplan nicht intendiert und kann in diesem Zusammenhang auch nicht geleistet werden. Die S sollten jedoch sensibel dafür werden, dass die Erfahrung der Schoah den Dialog zwischen Juden und Christen bis heute nachhaltig belastet und dass sich daraus für uns eine besondere Verantwortung gegenüber den Überlebenden und ihren Nachkommen ergibt. Auf diesem Anliegen sollte der Fokus der Stunde liegen.

Vorbereitung:

Kopie von M 15 auf Folie oder im Klassensatz

Erarbeitung:

Die S beschäftigen sich still für sich mit den drei Textbeispielen und setzen sich dabei mit AA 1, S. 68 auseinander. Danach tragen sie ihre Eindrücke im Plenum zusammen und tauschen sich darüber im UG aus.

Anwendung:

Auch an dieser Stelle wird bewusst noch einmal die Frage nach möglichen Konsequenzen gestellt (vgl. AA 2), wobei in dieser Stunde jedoch die Frage nach dem Umgang mit der Schoah im Vordergrund steht. Ausgangspunkt könnte ein Ausschnitt aus der höchst umstrittenen Paulskirchenrede des Schriftstellers Martin Walser aus dem Jahr 1998 sein (vgl. M 15). Die S setzen sich kritisch mit dessen Position auseinander und formulieren dazu (evtl. auch als HA) einen kommentierenden Leserbrief.

13. Auf dem Weg zum Miteinander: Das Schuldbekenntnis von Papst Johannes Paul II. (S. 70/71)

Lernziele:

– S werden sich der Tatsache bewusst, dass die Einsicht in vergangene Schuld eine wichtige Voraussetzung für ein künftiges Miteinander zwischen Judentum und Christentum ist, und überlegen, welche Voraussetzungen zum Gelingen eines solchen Dialogs gegeben sein müssen.

Hinweise für den Unterrichtsverlauf:

Vorbereitung:

Ggf. Kopie von M 16 im Klassensatz

Hinführung:

Die S lesen zunächst die kurzen Auszüge aus dem Briefwechsel von Martin Buber und Joachim Jeremias und versuchen die Frage AA 1 zu beantworten. Danach vergleichen sie die Haltung Martin Bubers mit der von Gershom Scholem und beziehen abschließend Stellung (vgl. AA 2, 3, S. 70 unten). Es sollte deutlich werden, dass Gershom Scholem zufolge die Christen nie wirklich bereit waren, ihre jüdischen Gesprächspartner in deren spezifischer Identität wahrzunehmen und zu respektieren, und dass die Chance zu einem echten Dialog seiner Auffassung nach mit der Schoah unwiderruflich vorbei ist. Dagegen geht Buber immer vom unmittelbaren Dialog zwischen zwei Partnern aus, der dann gelingen kann, wenn man sich offen und mit gegenseitigem Respekt begegnet und dazu bereit ist, eigene Positionen kritisch zu reflektieren, ggf. auch zu revidieren.

Erarbeitung:

Im Mittelpunkt der Erarbeitungsphase steht das Schuldbekenntnis von Papst Johannes Paul II. vom 12. März 2000. Nach einer kurzen Hinführung durch L wird das Bekenntnis von den S gelesen. Danach formuliert jeder S zunächst still für sich eine kurze Stellungnahme dazu auf einem Blatt Papier (ohne Namensnennung). Die Blätter werden eingesammelt und ausgetauscht, indem jeder S sich das Blatt eines anderen nimmt, dessen Stellungnahme liest und kurz kommentiert. Danach werden die Blätter so ausgelegt, dass die S ihr Blatt wieder an sich nehmen und die Kommentare der Mitschüler nachlesen können. Es folgt ein kurzer Erfahrungsaustausch im Plenum bezüglich der Frage, welche Meinungen und Tendenzen in den Stellungnahmen vorherrschend waren.

Vertiefung:

Das Schuldbekenntnis von Papst Johannes Paul II. trug nicht unwesentlich dazu bei, die zum Teil durchaus gespannte Beziehung zwischen Vertretern des Judentums einerseits und der katholischen Kirche andererseits auf eine neue Basis zu stellen. Auch die Erklärung „Dabru emet" kann als Teil dieses Entspannungsprozesses angesehen werden. Anhand von **M 16** können sich die S in aufgeschlossenen Klassen näher mit dieser Erklärung befassen und auf diese Weise ein Stück weit nachvollziehen, inwiefern sich Juden und Christen in der Gegenwart tatsächlich auf den Weg zu einem neuen Miteinander begeben haben. Darüber hinaus stellen die Thesen der Erklärung eine gute Möglichkeit dar, wesentliche Elemente der Unterrichtseinheit noch einmal aufzugreifen und abschließend zu reflektieren.

Anwendung:

Konkrete Vorschläge zur handlungsorientierten Umsetzung der in dieser Unterrichtseinheiten gewonnenen Einsichten finden sich in der „Ideenbörse" auf S. 72.

II. Das Judentum: Weltreligion und Wurzel des Christentums

Fragebogen zum Judentum

M 1

1. Wie wird man dem jüdischen Religionsgesetz zufolge zum Juden oder zur Jüdin?
   _____
   _____

2. Nenne drei zentrale Feste im jüdischen Festkalender!
   - _____
   - _____
   - _____

3. Umschreibe mit eigenen Worten, was unter folgenden Begriffen zu verstehen ist:
   - Bar/Bat Mizwa: _____
   - Tora: _____
   - Tallit: _____
   - Mesusa: _____
   - Talmud: _____

4. Benenne *zwei* grundlegende *Gemeinsamkeiten* zwischen Judentum und Christentum:
   - _____
     _____
   - _____
     _____

5. Nenne *zwei* grundlegende *Differenzen* zwischen Judentum und Christentum!
   - _____
     _____
   - _____
     _____

6. Welchen Stellenwert hat Jesus innerhalb des Judentums?
   _____
   _____

Elie Wiesel: Freundschaft schließen

M 2

Als Rabbi Baruch älter wurde, zeigte er sich ruhelos und launisch. Er kam sich überall fremd vor, selbst in seinem eigenen Haus. Entwurzelt und entfremdet, fühlte er sich in seinem Herrschaftsanspruch bedroht. Seine fixe Idee war: Alle Menschen sind Fremde in der Welt. Und auch Gott ist im Exil. Er wohnt als Fremder in seiner eigenen Schöpfung.

Eines Tages sagte Reb Baruch zu seinen Schülern: „Stellt euch einen Menschen vor, den man aus seiner Heimat vertrieben hat. Er kommt an einen Ort, wo er keine Freunde hat, keine Verwandten. Sitten und Sprache des Landes sind ihm nicht vertraut. Natürlich fühlt er sich allein, schrecklich allein. Plötzlich sieht er einen anderen Fremden, der auch niemanden kennt, an den er sich wenden könnte, der auch nicht weiß, wohin er gehen könnte. Die beiden Fremden treffen sich und lernen sich kennen. Sie unterhalten sich und gehen eine Zeitlang den Weg gemeinsam. Mit ein wenig Glück könnten sie sogar gute Freunde werden.

Das ist die Wahrheit über Gott und den Menschen: Zwei Fremde, die versuchen, Freundschaft zu schließen."

„Gott hat sein Herz an Israel gehängt, sich von ihm abhängig gemacht, will nicht ohne sein geliebtes Volk Gott sein. Für diese freie Wahl, dieses unbedingte Ja gibt es keinen Grund, es sei denn die freie und lustvolle Liebe des treuen Gottes; diese leidenschaftliche Liebe, die sich selbst verpflichtet und bindet, um die Geliebten frei zu machen – wie einst beim Exodus aus Ägypten." (Magdalene L. Frettlöh)

(Dieter Krabbe und Irit Ciubotaru: Wo Gott sich finden läßt. Jüdische Legenden und Geschichten aus dreitausend Jahren)

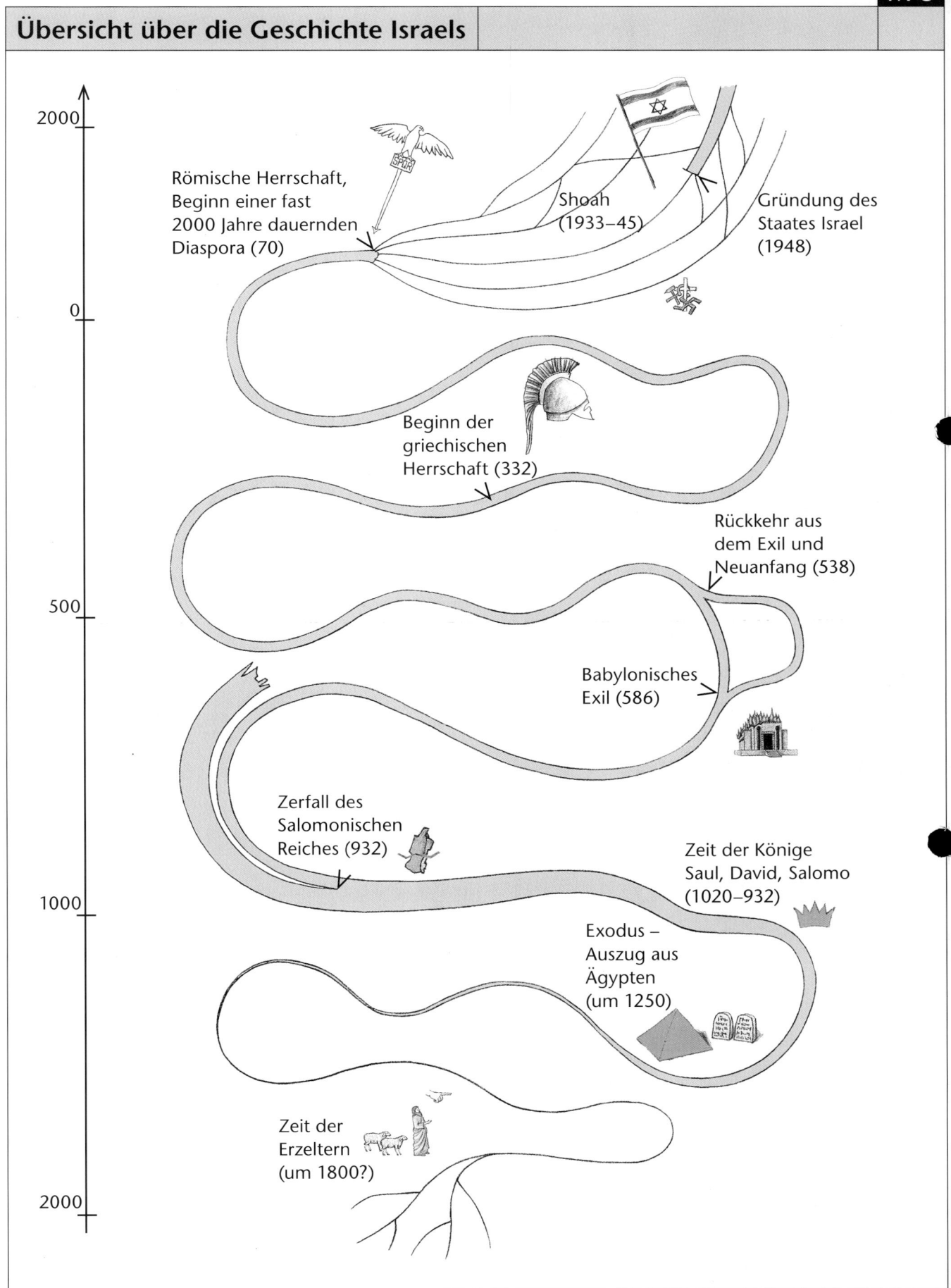

II. Das Judentum: Weltreligion und Wurzel des Christentums

M 3

Übersicht über die Geschichte Israels

- Römische Herrschaft, Beginn einer fast 2000 Jahre dauernden Diaspora (70)
- Shoah (1933–45)
- Gründung des Staates Israel (1948)
- Beginn der griechischen Herrschaft (332)
- Rückkehr aus dem Exil und Neuanfang (538)
- Babylonisches Exil (586)
- Zerfall des Salomonischen Reiches (932)
- Zeit der Könige Saul, David, Salomo (1020–932)
- Exodus – Auszug aus Ägypten (um 1250)
- Zeit der Erzeltern (um 1800?)

Rom, 29.10.1986: Papstaudienz

Gemischte Gefühle, viele Leute, herrliches Wetter. Der Papst hielt eine längere Ansprache auf Italienisch. Ich höre gerne seine Stimme, ich mag das Italienische, so machte ich die Augen zu, um alles auf mich wirken zu lassen. Dann: Inmitten der vielen Menschen eine Stille, Stille um mich, in mir – Gott hat mich angesprochen. Noch nie in meinem Leben wurde ich so angesprochen, seine Nähe, seine Geborgenheit, Ruhe, Stille; ich habe die Stille nicht nur gespürt, auch gesehen. Etwas so Wunderbares, Dunkles, in dem man geborgen ist, umfangen von allen Seiten. Später denke ich mir, auch der Himmel könnte so still und ruhig sein, eine so warme Dunkelheit, keine ängstigende Dunkelheit; Geborgenheit, Stille – Stille, Ansprache, Nähe – ich kann es nicht alles ausdrücken. Jedenfalls bin ich erfüllt und erschüttert. Tagelang, wochenlang bin ich verwirrt, trotz einer Ruhe und Gelassenheit, die ich spüre. Ich bin aber so aufgewühlt, kann tagelang kaum etwas anderes denken und habe das Bedürfnis, darüber zu sprechen. Der Einzige, mit dem ich darüber sprechen möchte, ich ein mir bekannter Priester in meiner Heimat. Immer wieder denke ich, nur ihm kann ich von dieser Nähe, Ansprache, Begegnung, Erfahrung sprechen, Ich tue es auch, es lässt mich nicht in Ruhe. Er versteht mich, ihm kann ich mit großem Vertrauen alles sagen. Er sagt mir auch, dass ich die Erfahrung aufschreiben solle. Zuerst denke ich, das ist nicht nötig; die Erfahrung gemacht zu haben, kann mich nicht loslassen, ich kann immer daran zurückdenken. Das glaube ich auch jetzt noch, schreibe aber trotzdem.

(Martin Jilesen: Gott erfahren – wie geht das? Psychologie und Praxis der Gottesbegegnung)

- Wie wird die Erfahrung der Gottesnähe wahrgenommen? Welche Gefühle werden dadurch ausgelöst?
- Welche Folgen hat das Erlebnis für das weitere Leben?

II. Das Judentum: Weltreligion und Wurzel des Christentums

Die Tora als Orientierung für das Leben

M 5

Ex 22,20–21.24–26:

²⁰ Und einen Fremdling sollst du nicht kränken und ihn nicht drücken; denn Fremdlinge waret ihr im Lande Mizrajim [*hebr. Ägypten*]. ²¹ Keine Witwe und Waise sollt ihr bedrücken. ²⁴ Wenn du Geld leihest meinem Volke, dem Armen bei dir, sei ihm nicht wie ein Schuldherr, leget ihm nicht Zinsen auf. ²⁵ Wenn du pfändest das Kleid deines Nächsten: ehe die Sonne untergegangen, gib es ihm zurück. ²⁶ Denn dies ist seine einzige Bedeckung, dies seine Hülle für seinen Leib; worauf sollte er schlafen? Und es wird geschehen, wenn er zu mir schreiet, so werde ich hören, denn ich bin erbarmungsvoll.

Ex 23,4–12:

⁴ So du triffst auf den Ochsen deines Feindes oder auf seinen Esel, der irre geht, bringe ihm denselben zurück. ⁵ So du siehest den Esel deines Hassers, erliegend unter seiner Last, und du wolltest unterlassen, es ihm leichter zu machen ...: mache es ihm leichter mit ihm. ⁶ Beuge nicht das Recht deines Armen in seiner Rechtssache. ⁷ Von einem falschen Ausspruch halte dich fern; und den Unschuldigen und Gerechten bringe nicht um, denn ich werde nicht für gerecht gelten lassen den Schuldigen. ⁸ Und Bestechung nimm nicht; denn Bestechung blendet den Hellsehenden und verkehrt die Worte der Gerechten. ⁹ Und den Fremdling bedrücke nicht; denn ihr wisset, wie dem Fremdling zu Mute ist, da ihr Fremdlinge gewesen im Lande Mizrajim. ¹⁰ Und sechs Jahre besäe dein Land und sammle ein dessen Ertrag: ¹¹ Aber im siebten lasse es brach und gib es preis, dass davon essen die Dürftigen deines Volkes, und was die übrig lassen, mag das Getier des Feldes essen; so mache es mit deinem Weinberge, mit deinem Ölbaum. ¹² Sechs Tage magst du verrichten deine Geschäfte, aber am siebenten Tage feiere, damit dein Ochse und dein Esel ruhe und sich erhole der Sohn deiner Magd und der Fremdling.

Lev 19,9–16:

⁹ Und wenn ihr erntet in euerm Lande, so sollst du nicht ganz abernten das Ende deines Feldes und die Nachlese bei deiner Ernte nicht aufklauben. ¹⁰ Und in deinem Weinberge sollst du nicht nachlesen und den Abfall in deinem Weinberge nicht aufklauben: dem Armen und dem Fremdling sollst du sie überlassen. Ich bin der Ewige, euer Gott. ¹¹ Ihr sollt nicht stehlen und sollt nicht ableugnen und nicht lügen einer dem andern. ¹² Und ihr sollt nicht schwören bei meinem Namen zu einer Lüge, dass du entweihest den Namen deines Gottes. Ich bin der Ewige. ¹³ Du sollst deinen Nächsten nicht bedrücken und nicht berauben, behalte nicht den Arbeitslohn des Mietlings bei dir bis an den Morgen. ¹⁴ Fluche nicht einem Tauben und vor einem Blinden lege keinen Anstoß und fürchte dich vor deinem Gott. Ich bin der Ewige. ¹⁵ Ihr sollt keine Ungerechtigkeit tun im Gericht: du sollst nicht Nachsicht haben mit dem Geringen und nicht ehren den Vornehmen; mit Gerechtigkeit sollst du deinen Nächsten richten. ¹⁶ Gehe nicht als Ausspäher umher unter deinem Volke, stehe nicht still bei dem Blute deines Nächsten. Ich bin der Ewige.

Lev 25,35–43:

³⁵ Und so bei dir dein Bruder verarmt und seine Hand wankt, so greif' ihm unter die Arme, Fremdling wie Beisass (= Halbbürger), dass er bei dir lebe. ³⁶ Nimm von ihm nicht Zins und Wucher, und fürchte dich vor deinem Gott, dass dein Bruder lebe bei dir. ³⁷ Dein Geld gib ihm nicht um Zins, und um Wucher gib ihm nicht deine Speise. ³⁸ Ich bin der Ewige, euer Gott, der euch herausgeführt aus dem Lande Mizrajim, euch das Land Kanaan zu geben, um euer Gott zu sein. ³⁹ Und so dein Bruder bei dir verarmt und sich dir verkauft, so lass ihn nicht Sklavendienst verrichten. ⁴⁰ Wie ein Mietling, wie ein Beisass sei er bei dir, bis zum Jubel-Jahr [*also dem 7. Jahr*] diene er bei dir. ⁴¹ Und dann gehe er von dir, er und seine Söhne mit ihm, und kehre zurück zu seinem Geschlechte und zu der Besitzung seiner Väter kehre er zurück. ⁴² Denn meine Knechte sind sie, die ich sie geführt aus dem Lande Mizrajim; sie dürfen sich nicht verkaufen, wie man Sklaven verkauft. ⁴³ Herrsche nicht über ihn mit Härte und fürchte dich vor deinem Gott.

- Welche Konsequenzen ergeben sich aus den jeweiligen Vorschriften für das alltägliche Leben?
- Wie könnte man einzelne Vorschriften auf unsere heutige Gesellschaft übertragen?

Welche Rolle spielt Gott in Verfassungstexten unserer Zeit?

Verfassung des Freistaates Bayern vom 2. Dezember 1946

Angesichts des Trümmerfeldes, zu dem eine Staats- und Gesellschaftsordnung ohne Gott, ohne Gewissen und ohne Achtung vor der Würde des Menschen die Überlebenden des zweiten Weltkrieges geführt hat, in dem festen Entschlusse, den kommenden deutschen Geschlechtern die Segnungen des Friedens, der Menschlichkeit und des Rechtes dauernd zu sichern, gibt sich das Bayerische Volk, eingedenk seiner mehr als tausendjährigen Geschichte, nachstehende demokratische Verfassung (...)

Grundgesetz für die Bundesrepublik Deutschland vom 23. Mai 1949 (Präambel)

Im Bewußtsein seiner Verantwortung vor Gott und den Menschen, von dem Willen beseelt, seine nationale Einheit zu wahren und als gleichberechtigtes Glied in einem vereinten Europa dem Frieden der Welt zu dienen, hat das Deutsche Volk (...), um dem staatlichen Leben für eine Übergangszeit eine neue Ordnung zu geben, kraft seiner verfassungsgebenden Gewalt dieses Grundgesetz der Bundesrepublik Deutschland beschlossen (...)

Verfassung der Polnischen Republik vom 2. April 1997

In der Sorge um unser Vaterland und seine Zukunft, nachdem wir 1989 die Möglichkeit wieder gewonnen haben, souverän und demokratisch über unser Schicksal zu bestimmen, beschließen wir, das Polnische Volk – alle Staatsbürger der Republik, sowohl diejenigen, die an Gott als die Quelle der Wahrheit, Gerechtigkeit, des Guten und des Schönen glauben, als auch diejenigen, die diesen Glauben nicht teilen, sondern diese universellen Werte aus anderen Quellen ableiten, wir alle, gleich an Rechten und Pflichten dem gemeinsamen Gut, Polen, gegenüber, in Dankbarkeit gegenüber unseren Vorfahren für ihre Arbeit, für ihren Kampf um die unter großen Opfern erlangte Unabhängigkeit, für die Kultur, die im christlichen Erbe des Volkes und in allgemeinen menschlichen Werten verwurzelt ist, (...) verpflichtet, alles Wertvolle aus dem über tausendjährigen Erbe an kommende Generationen weiterzugeben, mit unseren über die gesamte Welt verstreuten Landsleuten gemeinschaftlich verbunden, im Bewußtsein der Notwendigkeit, mit allen Ländern für das Wohl der Menschheitsfamilie zusammenarbeiten zu müssen, im Gedenken an bittere Erfahrungen aus der Zeit, in der die Grundfreiheiten und Grundrechte der Menschen in unserem Vaterland verletzt wurden, im Willen, Bürgerrechte stets zu gewährleisten sowie die Redlichkeit und die Leistungsfähigkeit der Tätigkeit der öffentlichen Institutionen zu sichern, im Bewußtsein der Verantwortung vor Gott oder vor dem eigenen Gewissen, uns die Verfassung der Republik Polen zu geben als grundlegendes Recht des Staates (...)

- Arbeitet heraus, welche Bedeutung dem sog. Gottesbezug in den einleitenden Worten zu diesen drei Verfassungen jeweils zukommt!
- Vergleicht die Bedeutung dieses Gottesbezugs mit der Funktion des Gottesrechtes im Judentum und stellt dabei Gemeinsamkeiten und mögliche Unterschiede heraus!

M 6

Thesen zur Positionierungsübung

Erste These:

„Moderne Staaten sollten grundsätzlich auf einen religiösen Bezug in ihrer Verfassung verzichten und weltanschaulich streng neutral bleiben, um dem Pluralismus der heutigen Gesellschaft gerecht zu werden."

Zweite These:

„Moderne Staaten sollten keinesfalls auf einen religiösen Bezug in ihrer Verfassung verzichten, um auf diese Weise sichtbar zu machen, dass die Macht der Regierenden nicht absolut ist."

Zeittafel zur Geschichte des modernen Staates Israel

70 n. Chr.	Zerstörung Jerusalems und des Tempels
132–135	Aufstand der Juden unter Bar Kochba; Zerstreuung unter die Völker
1878	Gründung der ersten landwirtschaftlichen Siedlung in Palästina
1882	Pogrome in Russland; verstärkte zionistische Bestrebungen
1896	Theodor Herzls Buch „Der Judenstaat" wird veröffentlicht
1897	1. Zionistischer Kongress in Basel („Baseler Programm")
1917	2. November: Balfour-Erklärung
1922	Ratifizierung des Palästinamandats durch den Völkerbund
1929	Arabische Unruhen
1941–45	Ausrottung von sechs Millionen Juden im deutschen Einflussbereich
1947	29. November: UNO-Beschluss zur Errichtung eines jüdischen Staates
1948	14. Mai: Proklamation des Staates Israel und Abzug der Briten 15. Mai: Beginn des Unabhängigkeitskrieges
1949	11. Mai: Aufnahme Israels in die UNO
1952	Reparationsabkommen mit der Bundesrepublik Deutschland
1956	29. Oktober: Sinai-Krise
1965	Diplomatische Beziehungen zur Bundesrepublik Deutschland
1967	5. Juni: Ausbruch des Sechs-Tage-Krieges
1972	Terroranschläge in Lod und in München bei den Olympischen Spielen
1973	6. Oktober: Ausbruch des Jom-Kippur-Krieges
1978	Israelische Invasion im Südlibanon 17. September: Camp-David-Abkommen
1979	Friedensvertrag mit Ägypten, Rückzug aus dem Sinai
1982	6. Juni: Ausbruch des Libanon-Krieges
1985	Räumung des Libanon
1987	Beginn der palästinensischen Aufstände („Intifada"), die das Leben in Israel bis heute nachhaltig bestimmen (Selbstmordanschläge, Bau einer großen Mauer zur Abgrenzung gegenüber den besetzten Gebieten, Konflikte unter den Palästinensern bis hin zu bürgerkriegsähnlichen Zuständen …)

M 8

Das letzte Abendmahl (Mk 14,12–25)

¹² Am ersten Tag des Festes der Ungesäuerten Brote, an dem man das Paschalamm schlachtete, sagten die Jünger zu Jesus: Wo sollen wir das Paschalamm für dich vorbereiten? ¹³ Da schickte er zwei seiner Jünger voraus und sagte zu ihnen: Geht in die Stadt; dort wird euch ein Mann begegnen, der einen Wasserkrug trägt. Folgt ihm, ¹⁴ bis er in ein Haus hineingeht; dann sagt zu dem Herrn des Hauses: Der Meister lässt dich fragen: Wo ist der Raum, in dem ich mit meinen Jüngern das Paschalamm essen kann? ¹⁵ Und der Hausherr wird euch einen großen Raum im Obergeschoss zeigen, der schon für das Festmahl hergerichtet und mit Polstern ausgestattet ist. Dort bereitet alles für uns vor! ¹⁶ Die Jünger machten sich auf den Weg und kamen in die Stadt. Sie fanden alles so, wie er es ihnen gesagt hatte, und bereiteten das Paschamahl vor.

¹⁷ Als es Abend wurde, kam Jesus mit den Zwölf. ¹⁸ Während sie nun bei Tisch waren und aßen, sagte er: Amen, ich sage euch: Einer von euch wird mich verraten und ausliefern, einer von denen, die zusammen mit mir essen. ¹⁹ Da wurden sie traurig, und einer nach dem andern fragte ihn: Doch nicht etwa ich? ²⁰ Er sagte zu ihnen: Einer von euch Zwölf, der mit mir aus derselben Schüssel isst. ²¹ Der Menschensohn muss zwar seinen Weg gehen, wie die Schrift über ihn sagt. Doch weh dem Menschen, durch den der Menschensohn verraten wird. Für ihn wäre es besser, wenn er nie geboren worden wäre.

²² Während des Mahls nahm er das Brot und sprach den Lobpreis; dann brach er das Brot, reichte es ihnen und sagte: Nehmt, das ist mein Leib. ²³ Dann nahm er den Kelch, sprach das Dankgebet, reichte ihn den Jüngern, und sie tranken alle daraus. ²⁴ Und er sagte zu ihnen: Das ist mein Blut, das Blut des Bundes, das für viele vergossen wird. ²⁵ Amen, ich sage euch: Ich werde nicht mehr von der Frucht des Weinstocks trinken bis zu dem Tag, an dem ich von neuem davon trinke im Reich Gottes.

- Welche Elemente des Sederabends werden in dem Textausschnitt genannt? Welche Hinweise finden sich auf den Ablauf des Festes? Welche inhaltlichen Bezugspunkte lassen sich daraus ableiten?
- An welchen Stellen werden beim letzten Abendmahl neue Akzente gesetzt, die von der überlieferten Ordnung abweichen? Welche Botschaft steckt in diesen Abweichungen?
- Inwiefern kann man das Osterfest auch als ein Fest der Befreiung bezeichnen?

Schabbatlied von Shlomo Alkabez (L'kha Dodi)

M 10

Auf, mein Freund, der Braut entgegen,
Das Angesicht des Shabath wollen wir empfangen!
Auf, mein Freund, der Braut entgegen,
Die Königin Shabath wollen wir empfangen!

Hüte und gedenke in einem Worte,
ließ der einzige Gott uns vernehmen.
Einzig ist der Ewige und sein Name einzig,
zur Ehre und Herrlichkeit und zum Ruhm.

Auf, mein Freund, der Braut entgegen,
Das Angesicht des Shabath wollen wir empfangen!
Auf, mein Freund, der Braut entgegen,
Die Königin Shabath wollen wir empfangen!

Dem Sabbat lasst uns entgegengehen,
Denn sie ist uns Quell, aus dem uns strömt der Segen,
Schon festgesetzt von Anbeginn,
Des Werkes Schluss, das erste auch in Will und Sinn.

Auf, mein Freund, der Braut entgegen,
Das Angesicht des Shabath wollen wir empfangen!
Auf, mein Freund, der Braut entgegen,
Die Königin Shabath wollen wir empfangen!

O Stadt des Herrn, o Prachtpalast,
Steh auf aus Trümmern du nach langer Rast!
Zu lang schon weiltest du im Tal der Tränen:
Dein Gott wird neu dir seine Huld gewähren.

Auf, mein Freund, der Braut entgegen,
Das Angesicht des Shabath wollen wir empfangen!
Auf, mein Freund, der Braut entgegen,
Die Königin Shabath wollen wir empfangen!

O schüttle ab den Staub und Wust,
mein Volk, zieh an das Kleid der Lust.
Der Spross von Isai, dem edlen Ahn.
Aus Bethlehem, erlösend wird er nah'n.

Auf, mein Freund, der Braut entgegen,
Das Angesicht des Shabath wollen wir empfangen!
Auf, mein Freund, der Braut entgegen,
Die Königin Shabath wollen wir empfangen!

O raff dich auf in frischem Mut!
Es naht dein Licht; leucht' hell in Glut!
Steh' auf und stimm' ein Loblied an!
Sieh' Gottes Glanz, verklärend zieht heran.

Auf, mein Freund, der Braut entgegen,
Das Angesicht des Shabath wollen wir empfangen!
Auf, mein Freund, der Braut entgegen,
Die Königin Shabath wollen wir empfangen!

Nicht beugt dich Schmach, nicht hüllt dich Scham;
Nicht seufze noch, betrübt von Gram.
Schutz meines Volkes Arme bei dir finden,
Und neu ersteht die Stadt auf ihren Gründen.

Auf, mein Freund, der Braut entgegen,
Das Angesicht des Shabath wollen wir empfangen!
Auf, mein Freund, der Braut entgegen,
Die Königin Shabath wollen wir empfangen!

Die dich beraubt, sie sind zur Beute;
Es schwindet deiner Dränger Meute,
Dein Gott in froher Lust dich schaut,
Wie sich der Bräut'gam freut der Braut.

Auf, mein Freund, der Braut entgegen,
Das Angesicht des Shabath wollen wir empfangen!
Auf, mein Freund, der Braut entgegen,
Die Königin Shabath wollen wir empfangen!

Du dehnst dich aus nach allen Seiten
Wirst deines Gottes Ruhm verbreiten
Durch ihn, der ab von Perez stammt.
Froh jubeln wir und jauchzen insgesamt.

Auf, mein Freund, der Braut entgegen,
Das Angesicht des Shabath wollen wir empfangen!
Auf, mein Freund, der Braut entgegen,
Die Königin Shabath wollen wir empfangen!

Kehre ein in Frieden, Krone des Mannes,
ja in Freude und Jubelsang,
bei des auserwählten Volkes Treuen,
kehre ein, Braut! Kehre ein, Braut!

Jesus als gläubiger Jude, 1

Mk 1,21:

Sie kamen nach Kafarnaum. Am folgenden Sabbat ging er in die Synagoge und lehrte.

Mk 12,28–34:

[28] Ein Schriftgelehrter hatte ihrem Streit zugehört; und da er bemerkt hatte, wie treffend Jesus ihnen antwortete, ging er zu ihm hin und fragte ihn: Welches Gebot ist das erste von allen? [29] Jesus antwortete: Das erste ist: *Höre, Israel, der Herr, unser Gott, ist der einzige Herr.* [30] *Darum sollst du den Herrn, deinen Gott, lieben mit ganzem Herzen und ganzer Seele, mit all deinen Gedanken und all deiner Kraft.* [31] Als zweites kommt hinzu: *Du sollst deinen Nächsten lieben wie dich selbst.* Kein anderes Gebot ist größer als diese beiden. [32] Da sagte der Schriftgelehrte zu ihm: Sehr gut, Meister! Ganz richtig hast du gesagt: Er allein ist der Herr, und es gibt keinen anderen außer ihm, [33] und ihn mit ganzem Herzen, ganzem Verstand und ganzer Kraft zu lieben und den Nächsten zu lieben wie sich selbst, ist weit mehr als alle Brandopfer und anderen Opfer. [34] Jesus sah, dass er mit Verständnis geantwortet hatte, und sagte zu ihm: Du bist nicht fern vom Reich Gottes.

Mt 6,5–15:

[5] Wenn ihr betet, macht es nicht wie die Heuchler. Sie stellen sich beim Gebet gern in die Synagogen und an die Straßenecken, damit sie von den Leuten gesehen werden. Amen, das sage ich euch: Sie haben ihren Lohn bereits erhalten. [6] Du aber geh in deine Kammer, wenn du betest, und schließ die Tür zu; dann bete zu deinem Vater, der im Verborgenen ist. Dein Vater, der auch das Verborgene sieht, wird es dir vergelten.

[7] Wenn ihr betet, sollt ihr nicht plappern wie die Heiden, die meinen, sie werden nur erhört, wenn sie viele Worte machen. [8] Macht es nicht wie sie; denn euer Vater weiß, was ihr braucht, noch ehe ihr ihn bittet. [9] So sollt ihr beten:

Unser Vater im Himmel, dein Name werde geheiligt, [10] dein Reich komme, dein Wille geschehe, wie im Himmel, so auf der Erde. [11] Gib uns heute das Brot, das wir brauchen. [12] Und erlass uns unsere Schulden, wie auch wir sie unseren Schuldnern erlassen haben. [13] Und führe uns nicht in Versuchung, sondern rette uns vor dem Bösen.

[14] Denn wenn ihr den Menschen ihre Verfehlungen vergebt, dann wird euer himmlischer Vater auch euch vergeben. [15] Wenn ihr aber den Menschen nicht vergebt, dann wird euch euer Vater eure Verfehlungen auch nicht vergeben.

Joh 2,23:

Während er zum Paschafest in Jerusalem war, kamen viele zum Glauben an seinen Namen, als sie die Zeichen sahen, die er tat.

Joh 5,1:

Einige Zeit später war ein Fest der Juden, und Jesus ging hinauf nach Jerusalem.

Jesus als gläubiger Jude, 1

Joh 7,2–36 (gekürzt):

Das Laubhüttenfest der Juden war nahe. Da sagten seine Brüder zu ihm: Geh von hier fort und zieh nach Judäa, damit auch deine Jünger die Werke sehen, die du vollbringst (…) Jesus sagte zu ihnen: Geht ihr nur hinauf zum Fest; ich gehe nicht zu diesem Fest hinauf, weil meine Zeit noch nicht gekommen ist. Als aber seine Brüder zum Fest hinaufgegangen waren, zog auch er hinauf, jedoch nicht öffentlich, sondern heimlich. Die Juden suchten beim Fest nach ihm und sagten: Wo ist er? Und in der Volksmenge wurde viel über ihn hin und her geredet. (…) Schon war die Hälfte der Festwoche vorbei, da ging Jesus zum Tempel hinauf und lehrte. Die Juden wunderten sich und sagten: Wie kann der die Schrift verstehen, ohne dafür ausgebildet zu sein? Darauf antwortete ihnen Jesus: Meine Lehre stammt nicht von mir, sondern von dem, der mich gesandt hat. Wer bereit ist, den Willen Gottes zu tun, wird erkennen, ob diese Lehre von Gott stammt oder ob ich in meinem eigenen Namen spreche. (…) Hat Mose euch nicht das Gesetz gegeben? Aber keiner von euch befolgt das Gesetz. Warum wollt ihr mich töten? (…) Da sagten einige Leute aus Jerusalem: Ist das nicht der, den sie töten wollen? Und doch redet er in aller Öffentlichkeit, und man lässt ihn gewähren. Sollte der Hohe Rat wirklich erkannt haben, dass er der Messias ist? Aber von dem hier wissen wir, woher er stammt; wenn jedoch der Messias kommt, weiß niemand, woher er stammt. Während Jesus im Tempel lehrte, rief er: Ihr kennt mich und wisst, woher ich bin; aber ich bin nicht in meinem eigenen Namen gekommen, sondern er, der mich gesandt hat, bürgt für die Wahrheit. Ihr kennt ihn nur nicht. Ich kenne ihn, weil ich von ihm komme und weil er mich gesandt hat. Da wollten sie ihn festnehmen; aber keiner wagte ihn anzufassen, denn seine Stunde war noch nicht gekommen.

Aus der Menge kamen viele Leute zum Glauben an ihn; sie sagten: Wird der Messias, wenn er kommt, mehr Zeichen tun, als dieser getan hat? Die Pharisäer hörten, was die Leute heimlich über ihn redeten. Da schickten die Hohenpriester und die Pharisäer Gerichtsdiener aus, um ihn festnehmen zu lassen. Jesus aber sagte: Ich bin nur noch kurze Zeit bei euch; dann gehe ich fort zu dem, der mich gesandt hat. Ihr werdet mich suchen und ihr werdet mich nicht finden; denn wo ich bin, dorthin könnt ihr nicht gelangen. Da sagten die Juden zueinander: Wohin will er denn gehen, dass wir ihn nicht mehr finden können? Will er in die Diaspora zu den Griechen gehen und die Griechen lehren? Was bedeutet es, wenn er gesagt hat: Ihr werdet mich suchen, aber nicht finden; denn wo ich bin, dorthin könnt ihr nicht gelangen?

Joh 10,22f.

Um diese Zeit fand in Jerusalem das Tempelweihfest statt. Es war Winter, und Jesus ging im Tempel in der Halle Salomos auf und ab.

- Inwiefern kommt in diesen Textstellen jeweils zum Ausdruck, dass Jesus ein gläubiger Jude war? Bezieht bei der Antwort auf diese Frage mit ein, was ihr in den vergangenen Stunden über das Judentum erfahren habt!

Jesus als gläubiger Jude, 2

Mt 12,1–8

¹ In jener Zeit ging Jesus an einem Sabbat durch die Kornfelder. Seine Jünger hatten Hunger; sie rissen deshalb Ähren ab und aßen davon. ² Die Pharisäer sahen es und sagten zu ihm: Sieh her, deine Jünger tun etwas, das am Sabbat verboten ist. ³ Da sagte er zu ihnen: Habt ihr nicht gelesen, was David getan hat, als er und seine Begleiter hungrig waren – ⁴ wie er in das Haus Gottes ging und wie sie die heiligen Brote aßen, die weder er noch seine Begleiter, sondern nur die Priester essen durften? ⁵ Oder habt ihr nicht im Gesetz gelesen, dass am Sabbat die Priester im Tempel den Sabbat entweihen, ohne sich schuldig zu machen? ⁶ Ich sage euch: Hier ist einer, der größer ist als der Tempel. ⁷ Wenn ihr begriffen hättet, was das heißt: *Barmherzigkeit will ich, nicht Opfer,* dann hättet ihr nicht Unschuldige verurteilt: ⁸ denn der Menschensohn ist Herr über den Sabbat.

Mt 12,9–14

⁹ Darauf verließ er sie und ging in ihre Synagoge. ¹⁰ Dort saß ein Mann, dessen Hand verdorrt war. Sie fragten ihn: Ist es am Sabbat erlaubt zu heilen? Sie suchten nämlich einen Grund zur Anklage gegen ihn. ¹¹ Er antwortete: Wer von euch wird, wenn ihm am Sabbat sein Schaf in eine Grube fällt, es nicht sofort wieder herausziehen? ¹² Und wieviel mehr ist ein Mensch wert als ein Schaf! Darum ist es am Sabbat erlaubt, Gutes zu tun. ¹³ Dann sagte er zu dem Mann: Streck deine Hand aus! Er streckte sie aus, und die Hand war wieder ebenso gesund wie die andere. ¹⁴ Die Pharisäer aber gingen hinaus und fassten den Beschluss, Jesus umzubringen.

Das Glaubensbekenntnis des Maimonides (1135–1204)

M 13

„Ich glaube:

1. Dass nur Gott allein der Schöpfer ist.
2. Dass Er durchaus nur ein alleinig-einzig Einer ist.
3. Dass Er keinen Leib noch irgendeine leibhafte Gestalt hat.
4. Dass Er Ursprung und Ziel ist.
5. Dass wir nur zu Ihm, aber zu niemandem sonst beten dürfen.
6. Dass der Propheten Worte wahr sind.
7. Dass Moses Kündung wahr und er der Vater aller Propheten ist.
8. Dass die Tora, wie sie uns nun vorliegt, dem Moses eingegeben wurde.
9. Dass diese Tora unwandelbar ist, und es eine andere Tora vom Schöpfer niemals geben wird.
10. Dass der Schöpfer alle Gedanken und Taten des Menschen kennt.
11. Dass Er gemäß den Taten belohnt und straft.
12. Dass der Messias kommen wird. Und ließe er auch lange auf sich warten, so werde ich doch alle Tage seiner harren.
13. Dass die Toten auferstehen werden."

(zitiert nach: Leo Trepp: Die Juden. Volk, Geschichte, Religion)

- Wo kommt in diesem Glaubensbekenntnis eine besondere Abgrenzung gegenüber dem Christentum zum Ausdruck?
- Hebt demgegenüber farbig hervor, welche Glaubensaussagen von Juden und Christen geteilt werden! Wo liegen die verbindenden Schwerpunkte?

Mt 23,1–19.27–28

M 14

¹ Darauf wandte sich Jesus an das Volk und an seine Jünger ² und sagte: Die Schriftgelehrten und die Pharisäer haben sich auf den Stuhl des Mose gesetzt. ³ Tut und befolgt also alles, was sie euch sagen, aber richtet euch nicht nach dem, was sie tun; denn sie reden nur, tun selbst aber nicht, was sie sagen. ⁴ Sie schnüren schwere Lasten zusammen und legen sie den Menschen auf die Schultern, wollen selber aber keinen Finger rühren, um die Lasten zu tragen. ⁵ Alles, was sie tun, tun sie nur, damit die Menschen es sehen: Sie machen ihre Gebetsriemen breit und die Quasten an ihren Gewändern lang, ⁶ bei jedem Festmahl möchten sie den Ehrenplatz und in der Synagoge die vordersten Sitze haben, ⁷ und auf den Straßen und Plätzen lassen sie sich gern grüßen und von den Leuten Rabbi (Meister) nennen. ⁸ Ihr aber sollt euch nicht Rabbi nennen lassen; denn nur einer ist euer Meister, ihr alle aber seid Brüder. ⁹ Auch sollt ihr niemand auf Erden euren Vater nennen; denn nur einer ist euer Vater, der im Himmel. ¹⁰ Auch sollt ihr euch nicht Lehrer nennen lassen; denn nur einer ist euer Lehrer, Christus. ¹¹ Der Größte von euch soll euer Diener sein. ¹² Denn wer sich selbst erhöht, wird erniedrigt, und wer sich selbst erniedrigt, wird erhöht werden.

¹³ Weh euch, ihr Schriftgelehrten und Pharisäer, ihr Heuchler! Ihr verschließt den Menschen das Himmelreich. Ihr selbst geht nicht hinein; aber ihr lasst auch die nicht hinein, die hineingehen wollen. ¹⁵ Weh euch, ihr Schriftgelehrten und Pharisäer, ihr Heuchler! Ihr zieht über Land und Meer, um einen einzigen Menschen für euren Glauben zu gewinnen; und wenn er gewonnen ist, dann macht ihr ihn zu einem Sohn der Hölle, der doppelt so schlimm ist wie ihr selbst.

¹⁶ Weh euch, ihr seid blinde Führer! Ihr sagt: Wenn einer beim Tempel schwört, so ist das kein Eid; wer aber beim Gold des Tempels schwört, der ist an seinen Eid gebunden. ¹⁷ Ihr blinden Narren! Was ist wichtiger: das Gold oder der Tempel, der das Gold erst heilig macht? ¹⁸ Auch sagt ihr: Wenn einer beim Altar schwört, so ist das kein Eid; wer aber bei dem Opfer schwört, das auf dem Altar liegt, der ist an seinen Eid gebunden. ¹⁹ Ihr Blinden! Was ist wichtiger: das Opfer oder der Altar, der das Opfer erst heilig macht? (…)

²⁷ Weh euch, ihr Schriftgelehrten und Pharisäer, ihr Heuchler! Ihr seid wie die Gräber, die außen weiß angestrichen sind und schön aussehen; innen aber sind sie voll Knochen, Schmutz und Verwesung. ²⁸ So erscheint ihr von außen den Menschen gerecht, innen aber seid ihr voll Heuchelei und Ungehorsam gegen Gottes Gesetz.

Martin Walsers Friedenspreisrede

Martin Walser: Rede anlässlich der Verleihung des Friedenspreises des Deutschen Buchhandels am 12.10.1998 in der Frankfurter Paulskirche (Auszüge)

(…) Jeder kennt unsere geschichtliche Last, die unvergängliche Schande, kein Tag, an dem sie uns nicht vorgehalten wird. Könnte es sein, dass die Intellektuellen, die sie uns vorhalten, dadurch, dass sie uns die Schande vorhalten, eine Sekunde lang der Illusion verfallen, sie hätten sich, weil sie wieder im grausamen Erinnerungsdienst gearbeitet haben, ein wenig entschuldigt, seien für einen Augenblick sogar näher bei den Opfern als bei den Tätern? Eine momentane Milderung der unerbittlichen Entgegengesetztheit von Tätern und Opfern. Ich habe es nie für möglich gehalten, die Seite der Beschuldigten zu verlassen. Manchmal, wenn ich nirgends mehr hinschauen kann, ohne von einer Beschuldigung attackiert zu werden, muß ich mir zu meiner Entlastung einreden, in den Medien sei auch eine Routine des Beschuldigens entstanden. Von den schlimmsten Filmsequenzen aus Konzentrationslagern habe ich bestimmt schon zwanzigmal weggeschaut. Kein ernstzunehmender Mensch leugnet Auschwitz; kein noch zurechnungsfähiger Mensch deutet an der Grauenhaftigkeit von Auschwitz herum; wenn mir aber jeden Tag in den Medien diese Vergangenheit vorgehalten wird, merke ich, dass sich in mir etwas gegen diese Dauerpräsentation unserer Schande wehrt. Anstatt dankbar zu sein für die unaufhörliche Präsentation unserer Schande, fange ich an wegzuschauen. Ich möchte verstehen, warum in diesem Jahrzehnt die Vergangenheit präsentiert wird wie noch nie zuvor. Wenn ich merke, dass sich in mir etwas dagegen wehrt, versuche ich, die Vorhaltung unserer Schande auf Motive hin abzuhören, und bin fast froh, wenn ich glaube, entdecken zu können, dass öfter nicht mehr das Gedenken, das Nichtvergessendürfen das Motiv ist, sondern die Instrumentalisierung unserer Schande zu gegenwärtigen Zwecken. Immer guten Zwecken, ehrenwerten. Aber doch Instrumentalisierung. Jemand findet die Art, wie wir die Folgen der deutschen Teilung überwinden wollen, nicht gut und sagt, so ermöglichten wir ein neues Auschwitz. (…)

Auschwitz eignet sich nicht dafür, Drohroutine zu werden, jederzeit einsetzbares Einschüchterungsmittel oder Moralkeule oder auch nur Pflichtübung. Was durch Ritualisierung zustande kommt, ist von der Qualität des Lippengebets. Aber in welchen Verdacht gerät man, wenn man sagt, die Deutschen seien jetzt ein ganz normales Volk, eine ganz gewöhnliche Gesellschaft?

- Fasst mit eigenen Worten zusammen, welche Probleme Martin Walser im Umgang mit der Schoah sieht und wogegen er sich letztlich wendet!
- Wie erklärt ihr euch, dass es im Anschluss an diese Rede in der breiten Öffentlichkeit zu einer massiven Kritik an den hier vorgetragenen Positionen kam?
- Nehmt zu den Thesen von Martin Walser in Form eines kommentierenden Leserbriefs persönlich Stellung!

Jüdisch-christliche Beziehungen

M 16

DABRU EMET: Eine jüdische Stellungnahme zu Christen und Christentum vom 10. September 2000

In den vergangenen Jahren hat sich ein dramatischer und beispielloser Wandel in den christlich-jüdischen Beziehungen vollzogen. Während des fast zwei Jahrtausende andauernden jüdischen Exils haben Christen das Judentum zumeist als eine gescheiterte Religion oder bestenfalls als eine Vorläuferreligion charakterisiert, die dem Christentum den Weg bereitete und in ihm zur Erfüllung gekommen sei. In den Jahrzehnten nach dem Holocaust hat sich die Christenheit jedoch dramatisch verändert. Eine wachsende Zahl kirchlicher Gremien, unter ihnen sowohl römisch-katholische als auch protestantische, haben in öffentlichen Stellungnahmen ihre Reue über die christliche Misshandlung von Juden und Judentum ausgedrückt. Diese Stellungnahmen haben zudem erklärt, dass christliche Lehre und Predigt reformiert werden können und müssen, um den unverändert gültigen Bund Gottes mit dem jüdischen Volk anzuerkennen und den Beitrag des Judentums zur Weltkultur und zum christlichen Glauben selbst zu würdigen.

Wir sind davon überzeugt, dass diese Veränderungen eine wohl bedachte jüdische Antwort verdienen. Als eine Gruppe jüdischer Gelehrter unterschiedlicher Strömungen – die nur für sich selbst spricht – ist es unsere Überzeugung, dass es für Juden an der Zeit ist, die christlichen Bemühungen um eine Würdigung des Judentums zur Kenntnis zu nehmen. Wir meinen, es ist für Juden an der Zeit, über das nachzudenken, was das Judentum heute zum Christentum zu sagen hat. Als einen ersten Schritt wollen wir in acht kurzen Punkten erläutern, auf welche Weise Juden und Christen miteinander in Beziehung stehen können.

Juden und Christen beten den gleichen Gott an. Vor dem Aufstieg des Christentums waren es allein die Juden, die den Gott Israels anbeteten. Aber auch Christen beten den Gott Abrahams, Isaaks und Jakobs, den Schöpfer von Himmel und Erde an. Wenngleich der christliche Gottesdienst für Juden keine annehmbare religiöse Alternative darstellt, freuen wir uns als jüdische Theologen darüber, dass Abermillionen von Menschen durch das Christentum in eine Beziehung zum Gott Israels getreten sind.

Juden und Christen stützen sich auf die Autorität ein und desselben Buches – die Bibel (das die Juden „Tenach" und die Christen das „Alte Testament" nennen). In ihm suchen wir nach religiöser Orientierung, spiritueller Bereicherung und Gemeinschaftsbildung und ziehen aus ihm ähnliche Lehren: Gott schuf und erhält das Universum; Gott ging mit dem Volk Israel einen Bund ein und es ist Gottes Wort, das Israel zu einem Leben in Gerechtigkeit leitet; schließlich wird Gott Israel und die gesamte Welt erlösen. Gleichwohl interpretieren Juden und Christen die Bibel in vielen Punkten unterschiedlich. Diese Unterschiede müssen immer respektiert werden.

Christen können den Anspruch des jüdischen Volkes auf das Land Israel respektieren. Für Juden stellt die Wiedererrichtung eines jüdischen Staates im gelobten Land das bedeutendste Ereignis seit dem Holocaust dar. Als Angehörige einer biblisch begründeten Religion wissen Christen zu würdigen, dass Israel den Juden als physisches Zentrum des Bundes zwischen ihnen und Gott versprochen – und gegeben wurde. Viele Christen unterstützen den Staat Israel aus weit tiefer liegenden Gründen als nur solchen politischer Natur. Als Juden begrüßen wir diese Unterstützung. Darüber hinaus wissen wir, dass die jüdische Tradition gegenüber allen Nicht-Juden, die in einem jüdischen Staat leben, Gerechtigkeit gebietet.

Juden und Christen anerkennen die moralischen Prinzipien der Tora. Im Zentrum der moralischen Prinzipien der Tora steht die unveräußerliche Heiligkeit und Würde eines jeden Menschen. Wir alle wurden nach dem Bilde Gottes geschaffen. Dieser moralische Schwerpunkt, den wir teilen, kann die Grundlage für ein verbessertes Verhältnis zwischen unseren beiden Gemeinschaften sein. Darüber hinaus kann er auch zur Grundlage eines kraftvollen Zeugnisses für die gesamte Menschheit werden, das der Verbesserung des Lebens unserer Mitmenschen dient und sich gegen Unmoral und Götzendienst richtet, die uns verletzen und entwürdigen. Ein solches Zeugnis ist insbesondere nach den beispiellosen Schrecken des vergangenen Jahrhunderts dringend nötig.

Der Nazismus war kein christliches Phänomen. Ohne die lange Geschichte des christlichen Antijudaismus und christlicher Gewalt gegen Juden hätte die nationalsozialistische Ideologie keinen Bestand finden und nicht verwirklicht werden können. Zu viele Christen waren an den Grausamkeiten der Nazis gegen die Juden beteiligt oder billigten sie. Andere Christen wiederum protestierten nicht genügend gegen diese Grausamkeiten. Dennoch war der Nationalsozialismus selbst kein zwangsläufiges Produkt des Christentums. Wäre den Nationalsozialisten die Vernichtung der Juden in vollem Umfang gelungen, hätte sich ihre mörderische Raserei weitaus unmittelbarer gegen die Christen gerichtet. Mit Dankbarkeit gedenken wir jener Christen, die während der nationalsozialistischen Herrschaft ihr Leben riskiert oder geopfert haben, um Juden zu retten. Dessen eingedenk unterstützen wir die Fortsetzung der jüngsten Anstrengungen in der christlichen Theologie, die Verachtung des Judentums und des jüdischen Volkes eindeutig zurückzuweisen. Wir preisen jene Christen, die diese Lehre der Verachtung ablehnen, und klagen sie nicht der Sünden an, die ihre Vorfahren begingen.

Der nach menschlichem Ermessen unüberwindbare Unterschied zwischen Juden und Christen wird nicht eher ausgeräumt werden, bis Gott die gesamte Welt erlösen wird, wie es die Schrift prophezeit. Christen kennen und dienen Gott durch Jesus Christus und die christliche Tradition. Juden kennen und dienen Gott durch die Tora und die jüdische Tradition. Dieser Unterschied wird weder dadurch aufgelöst, dass eine der Gemeinschaften darauf besteht, die Schrift zutreffender auszulegen als die andere, noch dadurch, dass eine Gemeinschaft politische Macht über die andere ausübt. So wie Juden die Treue der Christen gegenüber ihrer Offenbarung anerkennen, so erwarten auch wir von Christen, dass sie unsere Treue unserer Offenbarung gegenüber respektieren. Weder Jude noch Christ sollte dazu genötigt werden, die Lehre der jeweils anderen Gemeinschaft anzunehmen.

Ein neues Verhältnis zwischen Juden und Christen wird die jüdische Praxis nicht schwächen. Ein verbessertes Verhältnis wird die von Juden zu Recht befürchtete kulturelle und religiöse Assimilation nicht beschleunigen. Es wird weder die traditionellen jüdischen Formen der Anbetung verändern, noch wird es die Anzahl interreligiöser Ehen zwischen Juden und Nicht-Juden zunehmen lassen, noch wird es mehr Juden dazu bewegen, zum Christentum überzutreten, und auch nicht zu einer unangebrachten Vermischung von Judentum und Christentum führen. Wir respektieren das Christentum als einen Glauben, der innerhalb des Judentums entstand und nach wie vor wesentliche Kontakte zu ihm hat. Wir betrachten es nicht als eine Erweiterung des Judentums. Nur wenn wir unsere eigenen Traditionen pflegen, können wir in Aufrichtigkeit dieses Verhältnis weiterführen.

Juden und Christen müssen sich gemeinsam für Gerechtigkeit und Frieden einsetzen. Juden und Christen erkennen, ein jeder auf seine Weise, die Unerlöstheit der Welt, wie sie sich in andauernder Verfolgung, Armut, menschlicher Entwürdigung und Not manifestiert. Obgleich Gerechtigkeit und Frieden letztlich in Gottes Hand liegen, werden unsere gemeinsamen Anstrengungen zusammen mit denen anderer Glaubensgemeinschaften helfen, das Königreich Gottes, auf das wir hoffen und nach dem wir uns sehnen, herbei zu führen. Getrennt und vereint müssen wir daran arbeiten, unserer Welt Gerechtigkeit und Frieden zu bringen. In dieser Bemühung leitet uns die Vision der Propheten Israels:

„In der Folge der Tage wird es geschehen: Da wird der Berg des Hauses des Herrn fest gegründet stehen an der Spitze der Berge und erhaben sein über die Hügel. Zu ihm strömen alle Völker. Dorthin pilgern viele Nationen und sprechen: Auf, lasst uns hinaufziehen zum Berg des Herrn, zum Hause des Gottes Jakobs! Er lehre uns seine Wege, und wir wollen auf seinen Pfaden wandeln." (Jesaja 2,2–3).

Tikva Frymer-Kensky, University of Chicago
David Novak, University of Toronto
Peter Ochs, University of Virginia
Michael Signer, University of Notre-Dame

II. Das Judentum: Weltreligion und Wurzel des Christentums

TA I (S. 47)

Jahwe als treuer Bundesgott und Garant menschlicher Freiheit – Grundzüge der jüdischen Gottesvorstellung I

„Liebeserklärung Israels":

*„Höre Israel! Gott, unser Gott, Jahwe ist einzig.
Darum sollst du den Herrn, deinen Gott, lieben mit ganzem Herzen,
mit ganzer Seele und mit ganzer Kraft."*

Gott als **treuer Bundesgott** ...

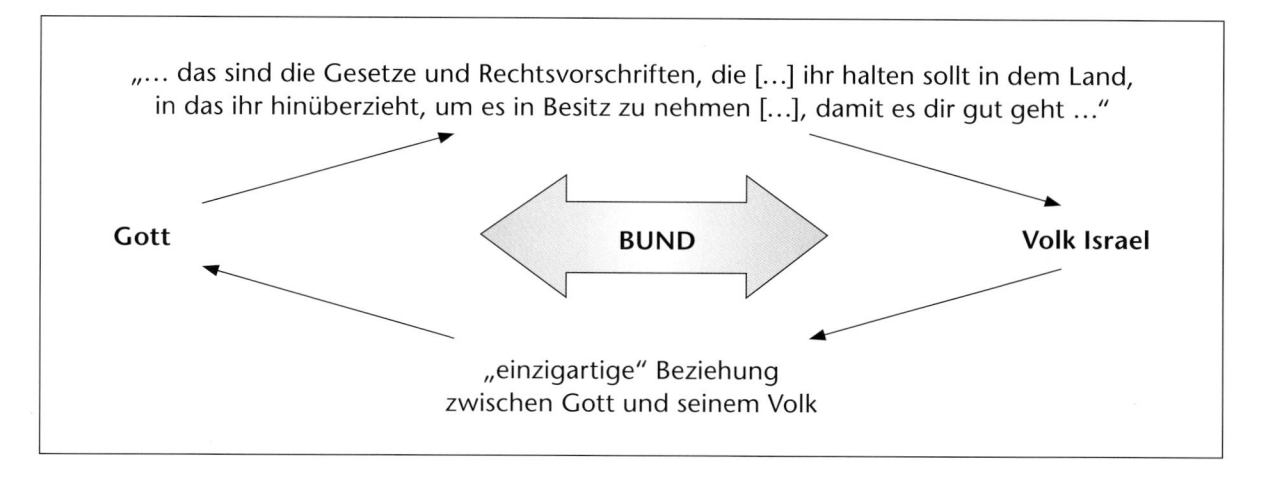

„... das sind die Gesetze und Rechtsvorschriften, die [...] ihr halten sollt in dem Land, in das ihr hinüberzieht, um es in Besitz zu nehmen [...], damit es dir gut geht ..."

Gott ⟷ **BUND** ⟷ **Volk Israel**

„einzigartige" Beziehung zwischen Gott und seinem Volk

... und als **Garant menschlicher Freiheit**

TA II (S. 48/49)

Die Tora – Wegweisung für ein Leben in Freiheit und Sicherheit

„Du sollst deinen Nächsten lieben wie dich selbst ...

⬇

Nächstenliebe ...

- Gerechtigkeit und Unbestechlichkeit vor Gericht
- Wahrhaftigkeit im Umgang miteinander, Treue, Zuverlässigkeit
- Aufhebung der Sklaverei (zunächst zeitliche Begrenzung)
- Keine Ausbeutung durch hohe Zinsen
- Gerechte Arbeitslöhne
- Unterstützung für die Benachteiligten in der Gesellschaft, die Fremden, Armen, Witwen und Waisen („Option für die Armen")

... als Ausdruck der **Gottesliebe**

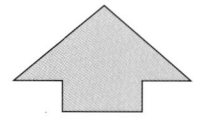

⬆

... Ich bin der Herr." (Lev 19,18)

TA III (S. 50/51)

Das von Gott geschenkte Land – Grundzüge jüdischer Gottesvorstellung II

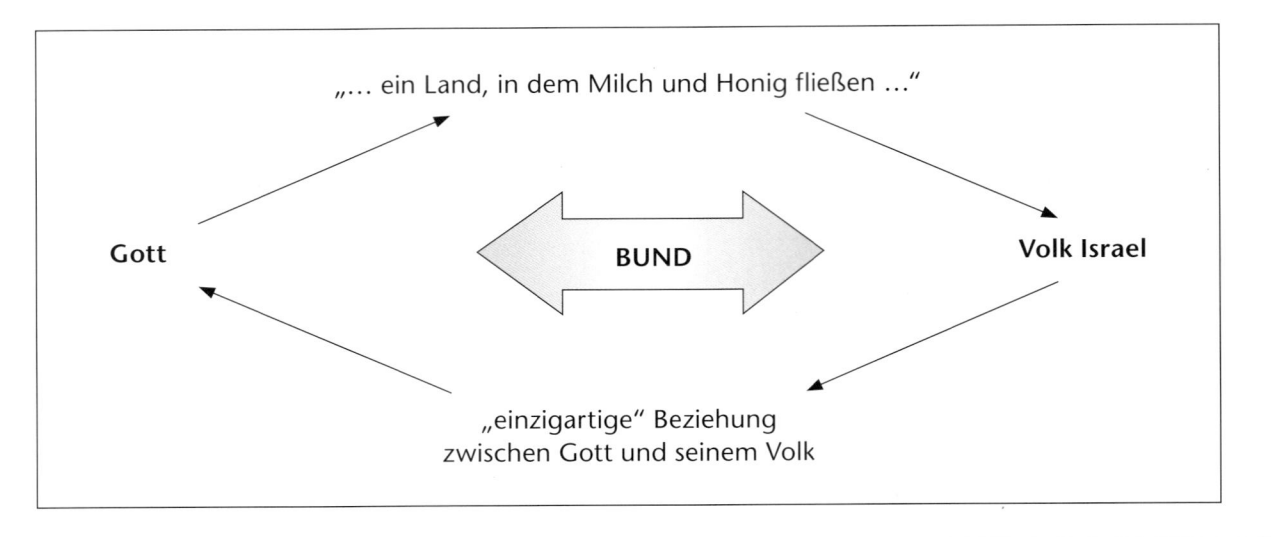

„… ein Land, in dem Milch und Honig fließen …"

Gott ⟷ BUND ⟷ Volk Israel

„einzigartige" Beziehung zwischen Gott und seinem Volk

TA IV (S. 55)

Das letzte Abendmahl – ein Sederabend? Ein Vergleich mit Mk 14,12–25

Gemeinsame Elemente:

- Festliches Abendessen im Kreise vertrauter Personen
- Symbolische Bedeutung von Brot und Wein
- Segensgebete

Unterschiede:

Sederabend	Letztes Abendmahl
Erinnerung an den Auszug aus Ägypten und damit an die Befreiung aus der Sklaverei	*Vorausdeutung* auf den Tod Jesu Christi am Kreuz und damit auf die Befreiung von der Macht der Sünde
Folge: Leben in Freiheit im Gelobten Land	Folge: Verheißung des künftigen Lebens im Reich Gottes

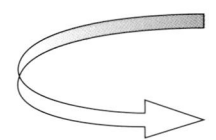

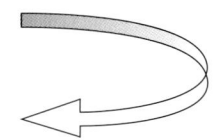

Auch das Osterfest ist ein Fest der Befreiung!

II. Das Judentum: Weltreligion und Wurzel des Christentums

TA V (S. 62)

Jesus als gläubiger Jude

Lk 2,21: Jesus wird als Jude beschnitten.

Lk 2,41–43a: Jesus besucht regelmäßig den Tempel von Jerusalem zu den vorgeschriebenen Wallfahrtsfesten, zunächst mit seinen Eltern, später allein bzw. mit seinen Jüngern (vgl. auch Joh 2,23; Joh 5,1; Joh 7,1-36; Joh 10,22f.).

Mk 1,21: Jesus besucht den Synagogengottesdienst am Sabbat und tritt dort auch als Lehrer auf.

Mk 12,28–34: Jesus beteiligt sich an der Diskussion mit anderen Schriftgelehrten über die richtige Auslegung der Tora.

Mt 6,5–15: Jesus betet zu Gott als seinem Vater (das Vaterunser enthält darüber hinaus viele Elemente, die bis heute im jüdischen Gebet eine zentrale Rolle spielen).

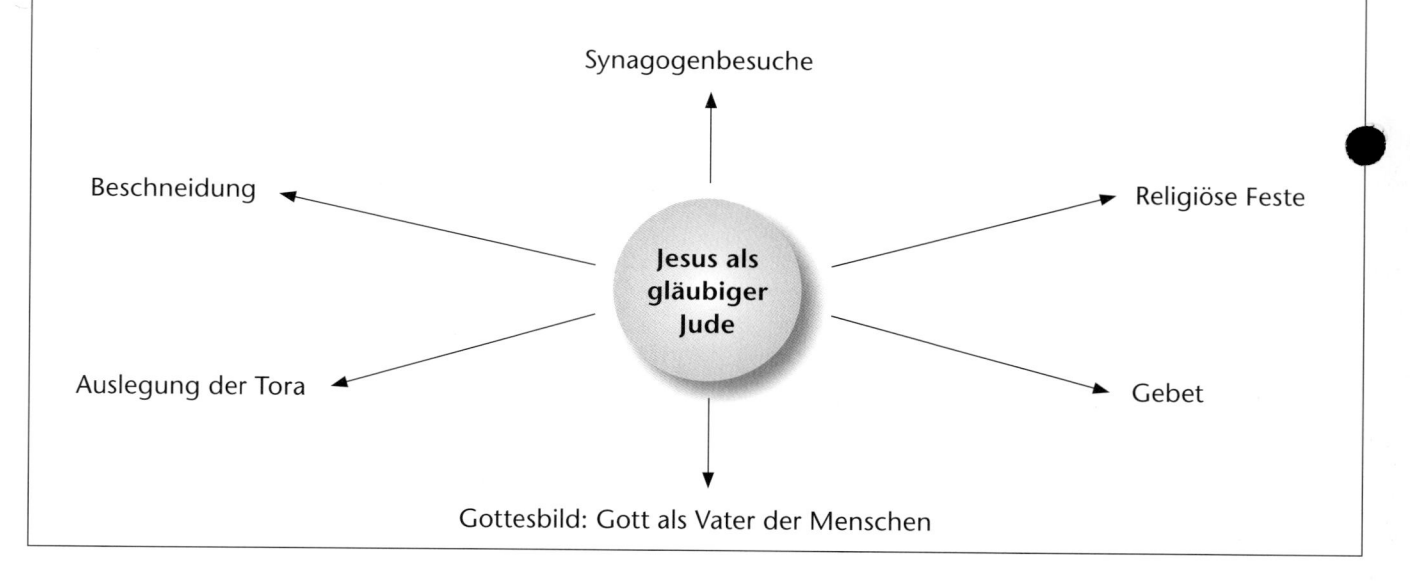

Diagramm: **Jesus als gläubiger Jude** mit Pfeilen zu: Synagogenbesuche, Religiöse Feste, Gebet, Gottesbild: Gott als Vater der Menschen, Auslegung der Tora, Beschneidung.

TA VI (S. 64)

Der Ursprung des Konflikts zwischen Judentum und Christentum – die Lehre von der messianischen Würde Jesu Christi

Die jüdische Messias-Erwartung	Das christliche Messias-Verständnis
• Die Ankunft des Messias wird für die Zukunft erwartet, da die Welt noch nicht erlöst ist.	• Der Messias ist bereits vor ca. 2000 Jahren erschienen, um uns zu erlösen.
• Wenn der Messias kommt, wird er die Welt insgesamt verändern. Die Erlösung ist nicht nur ein Ereignis, das die Seelen der Menschen verändert.	• Die Erlösung hat mit dem Wirken, dem Tod und der Auferstehung Jesu Christi bereits begonnen, sie ist jedoch noch nicht vollendet.
• Der Messias ist nicht göttlicher Natur, sondern handelt im Auftrag Gottes: „Gott [ist] die Hilfe in aller Not und keiner außer ihm".	• Jesus von Nazareth ist der „Sohn Gottes", in ihm hat die liebende Zuwendung Gottes zu den Menschen konkret Gestalt gewonnen.

III. Kirche und die Zeichen der Zeit: Bedrängnis, Aufbruch und Bewahrung

1. Bilddoppelseite (S. 74/75)

Lernziele:

- Vorwissen aus dem Geschichtsunterricht zur Judenverfolgung sowie zu Schule und Jugend im 3. Reich aktivieren
- möglicherweise vorhandenes Vorwissen zur Rolle der Kirche im 3. Reich artikulieren
- den Aufbruchscharakter des 2. Vatikanischen Konzils erspüren
- konkrete Erfahrungen der Gegenwart, wie z. B. den aktuellen Religionsunterricht, als Folgewirkungen des 2. Vatikanischen Konzils wahrnehmen
- Gespür für das stets neu erforderliche Ringen um eine zeitgemäße Artikulation der Botschaft Jesu entwickeln

Hinweise für den Unterrichtsverlauf:

S betrachten die Seite still ca. 3 Minuten

möglicher Leitimpuls:

- Versuche, Bilder und Kapitelthema miteinander in Verbindung zu bringen! Welches Bild bzw. welcher Text spricht dich emotional am meisten an?

Auswertung im LSG, ggf. Clustern der Ergebnisse an der (Schau-)Tafel

Anregungen zu den einzelnen Bildern:

Einzug der Konzilsväter (Aufbruch):

Mögliche Gesprächsimpulse: Der imposante Einzug der Konzilsväter in den Petersdom (1962) teilt das Bild diagonal – was könnte aus dieser Bildaufteilung herausgelesen werden? Wenn dieser Einzug für den Aufbruch der Kirche steht, müssten Folgewirkungen eines solchen Aufbruchs heute noch erkennbar sein …

Bilder aus dem 3. Reich (Bedrängnis):

Mögliche Gesprächsimpulse: Welche Einstellung der katholischen Jugend zum Nationalsozialismus kann aus dem Werbeplakat zum Eintritt in die Hitlerjugend herausgelesen werden? Was ist den Schülern über die Jugend im 3. Reich allgemein und den Schulunterricht im Speziellen bekannt? Was wissen sie aus dem Geschichtsunterricht über die Rolle der Kirche bezüglich der Judenverfolgung sowie die Stellung der Kirche im 3. Reich insgesamt? …

Bilder der rechten Seite (Aufbruch und Bewahrung):

Mögliche Gesprächsimpulse: Bodenkuss von Papst Johannes Paul II. – was könnte eine solche Geste zum Ausdruck bringen? Inwiefern unterscheidet sich eine solche Geste von vielen den Schülern aus der Geschichte bekannten Darstellungsformen des Papsttums? … Heutiges Religionsbuch im Vergleich mit vorkonziliaren Religionsbüchern – was könnte neu sein, wo könnte (sollte) es Kontinuität geben? … Demonstration der „Kirche von unten" – sehen die Schüler heute Aktionsfelder, wo die Kirche den Anschluss an die (Post-)Moderne verpasst hat, wo für einen neuen Aufbruch demonstriert werden sollte, wo die Verantwortlichen der Kirche zu aktiverem und zeitgemäßerem Engagement gedrängt werden sollten? …

2. Kampf gegen die Kirche in Diktaturen des 20. Jahrhunderts (S. 76/77)

Lernziele:

- Einblick in die Gründe, die vor 1933 zu einer Ablehnung der NSDAP durch die bayerischen Bischöfe führten
- Kennenlernen von Pater Rupert Mayer als einem ersten Beispiel für all die Gläubigen, die ihren Einsatz gegen die NSDAP mit Verfolgungsmaßnahmen bezahlen mussten
- erste Reflexion alternativ möglich gewesener Handlungsweisen durch die Kirche angesichts der Herausforderung durch den Nationalsozialismus

Hinweise für den Unterrichtsverlauf:

Vorbereitung:

Kopie von **M 1** auf Folie

Einstieg:

L legt Folie mit § 24 des Parteiprogramms der NSDAP auf, LSG über die sich daraus möglicherweise abzeichnenden Problemfelder („*Sittlichkeits- und Moralgefühl der germanischen Rasse*" als oberstes Kriterium, „*positives Christentum*", Bekämpfung des jüdisch-materialistischen Geistes …).

Hinführung:

Gemeinsames Lesen von S. 76, L stellt Exemplarität von P. Rupert Mayer heraus

III. Kirche und die Zeichen der Zeit: Bedrängnis, Aufbruch und Bewahrung

Erarbeitung I:

AA 1 S. 77 in PA (betrifft nur Punkt 1 der Pastoralen Anweisungen!)
Mögliche Antworten: neue Weltanschauung an Stelle des christlichen Glaubens; Rasse höher als Religion; Ablehnung des AT und der 10 Gebote; Ablehnung des Primats des Papstes als einer „außerdeutschen Stelle"; dogmenlose deutsche Nationalkirche; Moralgefühl der germanischen Rasse als Kriterium für die Gültigkeit des christlichen Sittengesetzes; Macht vor Recht)

Erarbeitung II:

L: „Die Punkte 2–5 der Pastoralen Anweisungen lassen erkennen, dass viele Nationalsozialisten offenbar zumindest anfangs von der Vereinbarkeit ihrer Weltanschauung mit dem katholischen Glauben überzeugt waren. Inwiefern spiegeln die Punkte 2–5 den pastoralen Charakter dieser Anweisungen besonders klar wider?"
– EA *(Ablehnung des geschlossenen Auftretens von Nationalsozialisten bei gottesdienstlichen Veranstaltungen, aber Einzelfallentscheidung bezüglich der Zulassung zu den Sakramenten bzw. des kirchlichen Begräbnisses)*

Vertiefung:

AA 3 im LSG

3. Hitler – ein Machthaber im Dienste Gottes? (S. 78/79)

Lernziele:

– Einblick in die Gründe, die 1933 zu einer Änderung der kirchlichen Haltung gegenüber dem Nationalsozialismus führten
– Kennenlernen von Röm 13,1–7 als biblischer Grundlage christlicher Staatslehre
– Reflexion über die Chancen und Grenzen von Röm 13,1–7 bei der Suche nach einer zeitgemäßen christlichen Staatslehre

Hinweise für den Unterrichtsverlauf:

Vorbereitung:

Kopien von **M 2** auf Folie, **M 3** im Klassensatz

Einstieg:

L legt Folie **M 2** auf, S bilden Hypothesen, worin „die außerordentliche Gefährlichkeit und Schwere der beleidigenden Äußerungen" des Pfarrers gelegen haben mag; L klärt auf *(Im Jahr 1933 hatte hatte Pfarrer Josef Schmitz aus Quadrath in der Nähe von Köln kurz vor dem Fronleichnamsfest im Kirchenblatt seiner Gemeinde bekannt gemacht, „dass Fahnen mit heidnischen Symbolen oder verbogenen Kreuzen sich aber für eine Fronleichnamsprozession nicht eignen". Diese Formulierung brachte ihm neben der Gefängnisstrafe auch noch den deutlichen Unwillen seiner erzbischöflichen Oberbehörde ein.)* und führt hin zur Frage, wie sich diese im Vergleich zu 1931 so veränderte kirchliche Haltung erklären lasse.

Hinführung:

Gemeinsame Betrachtung des Bildes auf S. 78, S äußern Vermutungen über die Rolle der aufgeschlagenen Bibel

Erarbeitung I:

Lesen des Textes auf S. 78 in EA, kurzes LSG mit Vermutungen über die künftige Haltung der Bischöfe zur NSDAP. Gemeinsames Lesen der linken Spalte S. 79, erste Stellungnahmen der S zur Kehrtwende der Bischöfe. Vertiefung durch die ersten beiden Abschnitte der rechten Spalte (**Achtung**: Bei der Quellenangabe „Aus einem Hirtenwort der deutschen Bischöfe vom Juni 1933" handelt es sich um einen **Druckfehler**, das Zitat stammt, wie oben richtig angegeben, aus dem Jahr 1921.)

Überleitung:

L: Hitlers Raffinesse und die generelle Skepsis gegenüber der demokratischen Staatsform rechtfertigen allein die Kehrtwende der Bischöfe noch nicht.

Erarbeitung II:

Lesen des Restes der rechten Spalte auf S. 79, Behandlung des AAs mit Hilfe von **M 3**.

Vertiefung:

LSG über Chancen und Grenzen von Röm 13,1–7 bei der Suche nach einer zeitgemäßen christlichen Staatslehre bzw. allgemein über Chancen und Grenzen von Versuchen, biblische Weisungen in die (Tages-)Politik zu übernehmen.

Vorbereitende Hausaufgabe:

Lesen des Interviews mit Simon H. auf S. 80/81 (linke Spalte)

4. Katholische Jugend im Würgegriff (S. 80/81)

Lernziele:

– Kennenlernen eines Zeitzeugen, dessen Standhaftigkeit als kirchlich engagierter Jugendlicher seine beruflichen Zukunftschancen massiv beeinträchtigte
– Erkenntnis, dass glaubwürdiges Christsein oft ein Verhalten „gegen den Trend" erfordert
– Vertiefung des eigenen Wert- und Moralbewusstseins

Hinweise für den Unterrichtsverlauf:

Vorbereitung:
Kopien von M 4 im Klassensatz, M 5 auf Folie, M 6 als Klassensatz, falls als Vertiefung auf der abstrahiert-zeitversetzten Ebene in der Folgestunde gewünscht (dann Dauer insgesamt zwei Unterrichtsstunden)

Hinweis für den L:
Versteht sich ein *aktualisierender* Kirchengeschichtsunterricht als Angebot, über das Verstehen des geschichtlichen Lebens die Wert- und Orientierungsmaßstäbe des eigenen Lebens aus der Perspektive des christlichen Glaubens zu überdenken und gegebenenfalls neu auszurichten (→ Vernetzung mit der im Religionsunterricht allgemein stattfindenden Wert- und Moralerziehung), dann leisten die für die Wert- und Moralerziehung so geeigneten Dilemmageschichten auch hier gute Dienste.

Anknüpfung/Hinführung:
Kurzes Gespräch über das als Hausaufgabe gelesene Interview mit Simon H.

Dilemmageschichten im Kirchengeschichtsunterricht

Ausgangspunkt: Stufenschema der moralischen Entwicklung nach Kohlberg (siehe hierzu auch allgemein S. 96)

I) **Vor-konventionelle Ebene**
Stufe 1: Orientierung an Strafe und Gehorsam
Die physischen Konsequenzen einer Handlung (Lohn/Strafe) bestimmen diese als gut oder schlecht.
Stufe 2: Instrumentell-relativistische Orientierung
„Wie du mir, so ich dir" – Gegenseitigkeit ist eine Sache des Gebens und Nehmens, nicht der Gerechtigkeit, Loyalität ...

II) **Konventionelle Ebene**
Stufe 3: Orientierung an zwischenmenschlicher Übereinstimmung
Gut ist, was der Mehrheitserwartung entspricht
Stufe 4: Orientierung an Gesetz und Ordnung
Richtiges Verhalten gleich Pflichterfüllung um ihrer selbst willen.

III) **Nach-konventionelle, autonome Ebene**
Stufe 5: Legalistische Orientierung am Gesellschaftsvertrag
Abgesehen von entsprechend getroffenen Vereinbarungen ist das Recht eine Sache persönlicher Werte und Meinungen. Richtiges Handeln entspricht allgemeinen individuellen Standards, die nach kritischer Prüfung von der Gesellschaft akzeptiert wurden, die aber aufgrund von Nützlichkeitserwägungen auch geändert werden können.
Stufe 6: Orientierung an universal-ethischen Prinzipien
Recht wird durch die Gewissensentscheidung definiert, die in Übereinstimmung mit selbstgewählten, abstrakt-ethischen, logisch umfassenden, universal konsistenten Prinzipien (z. B. Goldene Regel) getroffen wird
(Kohlberg, L., Kognitive Entwicklung und moralische Erziehung, in Mauermann/Weber, Der Erziehungsauftrag der Schule, Donauwörth 1978, 108–110)

Mögliches Vorgehen im Kirchengeschichtsunterricht

1) Erschließung des soziokulturellen Umfelds
2) Konfrontation mit der Dilemma-Situation
3) Diskussion der Dilemma-Situation auf der anschaulich-konkreten historischen Ebene
4) ggf. Diskussion des tatsächlichen historischen Dilemma-Ausgangs
5) evtl. Diskussion einer vergleichbaren Dilemma-Situation in abgewandelter Form auf der abstrahiert-zeitversetzten Ebene der Gegenwart

Wie bei allen Dilemma-Diskussionen (s. hierzu ausführlich unten Kapitel IV, 12. Stunde) sollte sich der L zunächst weitestgehend aus der Diskussion heraushalten und im weiteren Verlauf der Diskussion darauf achten, dass die S mit Argumenten konfrontiert werden, die ihre bisherige Argumentationsstufe (nur) knapp übersteigen.

Eine individuelle Auseinandersetzung, bei der sich niemand in der Klasse hinter einigen wortgewaltigen Meinungsführern verstecken kann, lässt sich erreichen, wenn die S brieflich aus verschiedenen Perspektiven begründet Stellung nehmen.

III. Kirche und die Zeichen der Zeit: Bedrängnis, Aufbruch und Bewahrung

Erarbeitung:

L wiederholt kurz (oder führt ein in) den Ablauf einer Dilemmasituation, S lesen die Argumente von M 4, ordnen sich in Kleingruppen einem Hauptargument zu oder formulieren neue Argumente, anschließend freie Diskussion. Alternative in diskussionsunfreudigen bzw. -unfähigen Klassen: S verfassen entsprechende Briefe und tragen diese vor, anschließend Auswertungsgespräch.

Weiterführung/Vertiefung:

Gemeinsames Lesen des Restes von S. 81 (ab linke Spalte unten), M 5, kurzes Abschlussgespräch über die Wertigkeit des „Firmungseids"

Mögliche Hausaufgabe (falls eine Vertiefung auf der abstrahiert-zeitversetzten Ebene in der Folgestunde geplant ist):

Vorbereitung der gegenwartsorientierten Dilemmadiskussion mittels M 6.

5. Mit brennender Sorge – die Kirche wehrt sich (S. 82/83)

Lernziele:

- Kenntnis exemplarischer Inhalte der Enzyklika „Mit brennender Sorge"
- Gespür für die Brisanz der Enzyklika
- Interesse für konkrete Handlungsweisen kirchentreuer Katholiken angesichts der Herausforderungen durch den Nationalsozialismus

Hinweise für den Unterrichtsverlauf:

Vorbereitung:

Kopie von M 7 auf Folie, M 8–10 im jeweils gedrittelten Klassensatz

Einstieg:

L legt M 7 auf (zuerst nur den Inhalt des Telegramms), S-Vermutungen. L deckt anschließend die Folie weiter auf, klärt den Begriff „Enzyklika" und lässt Vermutungen darüber anstellen, warum das Telegramm so verschlüsselt abgefasst wurde.

Hinführung:

L trägt die Auszüge aus der Enzyklika S. 83 oben vor, S erkennen die Brisanz der Enzyklika.

Erarbeitung:

Gemeinsames Lesen von S. 82, kurzes LSG, AA1 S. 83 in PA. Lesen der unteren Hälfte von S. 83, Diskussion über den päpstlichen „Optimismus".

Vertiefung/Überleitung zu den Folgestunden:

AA 2, Kurzvorstellung der drei Problemfelder durch L, Aufteilen der Klasse in Arbeitsgruppen, die jeweils eines der Problemfelder bearbeiten.

(Vorbereitende) Hausaufgabe:

Lesen der jeweiligen DS (S. 84/85 bzw. 86/87 bzw. 88/89) sowie der jeweils dazugehörigen gegenwartsbezogenen Dilemmasituation (M 8–10) auf der abstrahiert-zeitversetzten Ebene

(Hinweis für den L: Sollte der L die Klasse bereits in der 7. Jahrgangsstufe unterrichtet haben, kann er mittels der Dilemmadiskussion M 9 die Entwicklung des Moral- und Wertebewusstseins seiner Schüler beobachten. Die dort aufgeführte Dilemmageschichte wurde in LG 7, S. 13, nämlich schon einmal zur Diskussion gestellt wurde, gemäß Kohlberg müssten die Schüler zwei Jahre später nun auf einer höheren Ebene argumentieren ...)

6. Nationalsozialismus kontra Christentum

(S. 84–89/2–3 Unterrichtsstunden)

Lernziele:

- Anhand exemplarischer Problemfelder Kenntnis konkreter, in krassem Widerspruch zum christlichen Menschenbild bzw. Wertekanon stehender Umsetzungen nationalsozialistischen Gedankenguts
- Einblick in Verhaltensweisen einzelner Christen angesichts der Herausforderungen durch den Nationalsozialismus
- Offenheit für christliches Moral- und Werteverständnis in der Gegenwart

Hinweise für den Unterrichtsverlauf:

Durchführung:

Pro Problemfeld stellt zunächst eine Gruppe den historischen Sachverhalt in Form eines Kurzreferats vor. Anschließend beantwortet die S-Gruppe den AA, inwiefern bei den dargestellten Handlungsweisen Bezüge zum päpstlichen Durchhalteappell (Buch S. 83) gesehen werden können. Anschließend moderiert sie eine Dilemmadiskussion zu „ihrer" Dilemmasituation.

7. Christliche Überzeugung unerwünscht (S. 90/91)

Lernziele:

- Erkenntnis, dass christliche Überzeugung und Lebensführung immer wieder mit den Interessen Regierender kollidieren kann
- Kenntnis beispielhafter christlicher Lebenszeugnisse angesichts staatlicher Verfolgungsmaßnahmen aus dem 20. Jahrhundert
- Einblick in die Auswirkungen des Zusammenbruchs der kommunistischen Regime in Osteuropa auf die Lage der dort lebenden Christen
- Aufgeschlossenheit für Verfolgungsmaßnahmen, unter denen Christen gegenwärtig zu leiden haben

Hinweise für den Unterrichtsverlauf:

Vorbereitung:

Reservierung eines Computerraums mit Internetarbeitsplätzen

Hinführung:

L trägt Meditationstext S. 91 vor, LSG über die Verfolgungsmaßnahmen gegen christliche Kirchen bzw. Gläubige, die im 20. Jahrhundert weit verbreitet waren *(Deutschland von den Vorstunden her bekannt)*

Erarbeitung:

Aufteilung der Klasse in zwei Lerngruppen, von denen die eine S. 90, die andere S. 91 bearbeitet. Jede Gruppe liest zunächst den jeweiligen Buchtext und bearbeitet anschließend mittels Internet den auf ihrer Seite stehenden **AA**.

Sicherung:

Kurzvortrag je einer Arbeitsgruppe über den Hintergrund und die Ergebnisse ihrer Recherche; Diskussion über die Gründe, warum Christen immer wieder unter staatlicher oder gesellschaftlicher Ausgrenzung/Verfolgung zu leiden haben.

(Mögliche) Vertiefung:

Email an *amnesty international (www.amnesty.de)* mit der Bitte, (Brief-)Kontakt zu einem aus Glaubensgründen inhaftierten Christen herzustellen.

8. Gesellschaft im Wandel – Schulmesse und Rosenkranz (S. 92–95)

Lernziele:

- Einblick in den gesellschaftlichen Wandel der Nachkriegszeit
- Wahrnehmung der Dominanz kirchlichen Einflusses auf die Erziehung in der Nachkriegszeit
- Gespür für die Notwendigkeit eines innerkirchlichen Wandlungsprozesses zu Beginn der 60er-Jahre

Hinweise für den Unterrichtsverlauf:

Einstieg:

L erinnert an die Kapitelüberschrift „Kirche und die Zeichen der Zeit: Bedrängnis, Aufbruch und Bewahrung", nochmalige gemeinsame Betrachtung der einleitenden Bilddoppelseite S. 74/75, S erkennen, dass der „Aufbruch" bisher noch nicht zur Sprache kam und er mit den Bildern in Zusammenhang stehen muss, die mit dem bisherigen Verlauf des Kapitels noch nichts zu tun hatten. Anschließend teilt L die Klasse in zwei Gruppen.

Erarbeitung:

Die erste S-Gruppe bearbeitet an Hand des **AA**s S. 92/93, die zweite mittels **AA1** (S. 95) S. 94/95.

Mögliche Arbeitsergebnisse der ersten Gruppe: Wachsender Wohlstand (PKW, Selbstbedienungsläden, Anzahl der berufstätigen Ehefrauen, Genussmittel, Gastarbeiter, Arbeitslosigkeit, Arbeitszeit, Fernsehen …), Wandel der Moralvorstellungen (erste Nacktszenen in Filmen, Pille, Sex-Shop, sexualpädagogische Unterrichtsmaterialien …), veränderte Bildungslandschaft (Übertrittsquoten, Zahl der Studenten, Gesamtschulen …), neue Jugendkultur („Bravo", Studentenunruhen, neue Musikrichtungen, Minirock …)

Sicherung:

Jede Gruppe stellt ihre Ergebnisse vor.

Vertiefung:

Ideenbörse Nr. 5 (S. 108), dann **AA3** S. 95 in EA, anschließend LSG mit Fokus „Aufbruch".

Hausaufgabe:

AA2 S. 95; 2 S bereiten Referat über den Inhalt von S. 96/97 vor, die Einbeziehung weiterer inhaltlich passender Quellen (Lexika, Internet) empfiehlt sich.

III. Kirche und die Zeichen der Zeit: Bedrängnis, Aufbruch und Bewahrung

9. Das Zweite Vatikanische Konzil
(S. 96/97)

Lernziele:

- Einblick in weitere Kindheits- und Jugenderfahrungen der Nachkriegszeit
- Überblick über den Verlauf des 2. Vatikanischen Konzils
- ansatzweises Gespür für den Aufbruchscharakter des 2. Vatikanums

Hinweise für den Unterrichtsverlauf:

Vorbereitung:

Ggf. Folien für das S-Referat bzw. Schaffung der Möglichkeit eines PowerPoint-Vortrags (falls von den Referenten entsprechend vorbereitet)

Hinführung:

Wiederholende Vertiefung von LZ 2 der Vorstunde durch Kenntnisnahme unterschiedlicher Kindheits- und Jugenderfahrungen (HA)

Erarbeitung:

S-Referat über den Inhalt von S. 96/97

Sicherung:

AA 2 und 1 S. 97 (Reihenfolge beachten!) im LSG

Vertiefung:

Diskussion über einen möglichen Zusammenhang zwischen den Kindheits- und Jugenderinnerungen und dem Aufbruchssignal des 2. Vatikanums (z. B. die Zurückweisung von Bevormundung, welche die Konzilsväter praktizieren, setzt sich innerkirchlich möglicherweise auch auf anderen Ebenen bis hinein in die Jugendarbeit fort ...)

10. Schwerpunkte der Konzilsberatungen (S. 98–101)

Lernziele:

- Einblick in Kernaussagen von „Lumen gentium"
- Reflexion über das neue Selbstverständnis der Kirche
- Bewusstsein für die stete Notwendigkeit innerkirchlichen Wandels

Hinweise für den Unterrichtsverlauf:

Vorbereitung:

Kopie von M 11 auf Folie

Hinführung:

L zeigt die Karikaturen M 11 auf Folie – zunächst ohne die jeweilige Bildunterschrift; S-Vermutungen, nach Aufdeckung der Bildunterschriften LSG über die Kernaussage (z. B. der ausschließlich von den Amtspersonen gezogene „Karren" vs. der gemeinsame, von Christus wegweisend begleitete Pilgerzug durch die Zeit)

Erarbeitung:

Vergleich des Bildes von Papst Pius XII. mit den beiden ersten Bildern von Papst Johannes Paul II. (z. B. Hoheitsanspruch vs. Demutsgeste), anschließend gemeinsames Erlesen der Doppelseite 98/99 mit vertiefenden Zusatzerläuterungen durch L, AA1 und 2 S. 99 im LSG.

Vertiefung:

AA3 S. 99 im LSG (z. B. Kirche vor der Entscheidung, ob sie innerhalb der gewandelten Gesellschaft weiterhin als einflussreiche Größe wahrgenommen werden will, oder sie sich durch stures(?) Festhalten an überkommenen Strukturen ins gesellschaftliche Abseits begeben soll ...)

Hausaufgabe:

Lesen von S. 100–101, falls möglich übernimmt eine S-Gruppe AA3 S. 100; 2 S bereiten Referat über den Inhalt von S. 102 vor, die Einbeziehung weiterer inhaltlich passender Quellen (Lexika, Internet) empfiehlt sich, evtl. auch Ideenbörse Nr. 5 (S. 108).

11. Die Würzburger Synode (S. 103)

Lernziele:

- Exemplarischer Einblick in die Beschlüsse der Würzburger Synode durch Wahrnehmung der dem eigenen Religionsunterricht zu Grunde liegenden Korrelationsdidaktik als Folgewirkung des 2. Vatikanums
- Kennenlernen verschiedener theologischer Ansatzpunkte für die Konzeptionierung schulischen Religionsunterrichts
- Reflexion über Ansatz und Wirkungsweise des eigenen Religionsunterrichts

Hinweise für den Unterrichtsverlauf:

Vorbereitung:

Kopien von M 12 und M 13 auf Folie

Hinführung:

L zeigt M 12 als stillen Impuls, spontane S-Äußerungen. L lenkt anschließend das Gespräch auf das „theologische Programm" eines solchen Religionsbuchs, indem er M 13 auflegt und die S begründen lässt, welche Stellungnahme ihrer Meinung nach besser zu den Bildern von M 12 passt.

Überleitung:

Bildgegenüberstellung Buch S. 103 mit dem Impuls, den Hintergrund für den Wandel bei den Religionsbüchern zu erforschen

Erarbeitung:

Gemeinsames Erlesen der S. 103, **AA1** in PA, wobei die S sowohl das aktuelle Religionsbuch, aber auch ihre gesamten Erinnerungen an den gesamten bisher erlebten RU einbringen sollen (auch Kommunionunterricht in der Grundschule …). Zu jedem der vier Spiegelstriche aus dem Synodenbeschluss sollen die S dabei qualifiziert Stellung nehmen.

Vertiefung:

Auswertung der PA im LSG, Versuch der Entwicklung einer mehrheitsfähigen Meinung, inwieweit der bisher von den S erfahrene RU dem Anspruch der Synode gerecht wird. Abschließend kann darüber diskutiert werden, ob ein im Sinne des ersten Statements von M 13 konzipierter RU heute (noch oder wieder!) denkbar bzw. wünschenswert wäre.

Hausaufgabe:

AA 2 für S, deren Großeltern „erreichbar" sind und denen diese Form von Oral History deshalb möglich ist.

12. Zwischen Tradition und Aufbruch: Kirche auf dem Weg ins 3. Jahrtausend (S. 104/105)

Lernziele:

– Kennenlernen von Papst Johannes Paul II. als einer Zentralfigur der Kirchen- und Weltgeschichte an der Wende zum 3. Jahrtausend n. Chr.
– Einblick in wesentliche Stationen dieses Pontifikats
– Auseinandersetzung mit verschiedenen Bewertungen dieses Pontifikats

Hinweise für den Unterrichtsverlauf:

Vorbereitung:

Kopie von M 14 auf Folie, Kopien von M 15 als Klassensatz

Hinführung:

L zeigt M 14 mit abgedecktem Text, S stellen Vermutungen über den Anlass des Menschenauflaufs an. Als Hilfsimpuls mag ein Verweis auf den schlichten Sarg im Vordergrund dienen. L erzählt von dem „Pilgerstrom von biblischen Ausmaßen", der im April 2005 durch den Tod von Papst Johannes Paul II. ausgelöst worden war. Die „Augsburger Allgemeine" schrieb darüber am 9. April 2005: „Ein letzter Blick auf den Sarg vor der Basilika St. Peter – dann war es endgültig vorbei. Viele Gläubige waren für diesen Moment aus der ganzen Welt angereist. In seinem Leben hatte Papst Johannes Paul II. über hundert Länder besucht, um den Menschen zu begegnen. Nun kamen sie nach Rom, um ihn auf seinem letzten Weg zu begleiten. Staatsoberhäupter, Prominenz, Priester, Ordensleute, aber auch einfache Gläubige. Nicht jeder schaffte es in Sichtweite, doch auch auf den Straßen und Plätzen Roms fanden sich die Menschen zum Gebet. Das befürchtete Chaos blieb aus. Die Menschen nahmen in Würde und Stille Abschied. – Wer war dieser Papst?"

Erarbeitung 1:

S erarbeiten M 15 in GA, jede der sieben Gruppen stellt die von ihr gelesene Stellungnahme kurz der ganzen Klasse vor.

Erarbeitung 2:

Stilles Erlesen von S. 104/105, wobei die S nach Anknüpfungspunkten zu den eben vorgetragenen Stellungnahmen suchen, Auswertung in einer Kontroversdiskussion unter dem vom Lehrer vorgegebenen Impuls: „Santo subito – bei der Beisetzung von Papst Johannes Paul II. forderten viele Gläubige auf Transparenten und in Sprechchören eine sofortige Heiligsprechung."

Vertiefung:

AA S. 105 im LSG oder als Hausaufgabe

13. Zwischen Tradition und Aufbruch: Kirche auf dem Weg zu einer neuen Einheit (S. 106/107)

Lernziele:

– Kenntnis der Bemühungen um gegenseitige Annäherung der christlichen Kirchen in der Gegenwart
– Reflexion über die Notwendigkeit ökumenischen Zusammenwirkens zur Bewältigung der Probleme der Gegenwart
– Offenheit für eigene ökumenische Gesinnung

Hinweise für den Unterrichtsverlauf:

Hinführung:

AA 1 und 2 auf S. 107 in GA

Erarbeitung:

Einbringen der Ergebnisse der GA, L sammelt die Ergebnisse in Stichpunkten an der Tafel. Als Hintergrundinformation über den Stand des ökumenischen Dialogs gemeinsames Erlesen von S. 106/107. Diskussion, ob die in den Zeitungsartikeln geschilderten ökumenischen Annäherungsbemühungen nach Meinung der S den in der Gruppenarbeit genannten Erfordernissen gerecht werden.

Vertiefung:

Vorüberlegungen zu einer mit den Ergebnissen der GA konformen ökumenischen Aktion im Geist des Weltauftrags des 2. Vatikanums

Historische Zeugnisse — M 1

§ 24

„Wir fordern die Freiheit aller religiösen Bekenntnisse im Staat, soweit sie nicht dessen Bestand gefährden oder gegen das Sittlichkeits- und Moralgefühl der germanischen Rasse verstoßen. Die Partei als solche vertritt den Standpunkt eines positiven Christentums, ohne sich konfessionell an ein bestimmtes Bekenntnis zu binden. Sie bekämpft den jüdisch-materialistischen Geist in und außer uns und ist überzeugt, dass eine dauernde Genesung unseres Volkes nur erfolgen kann von innen heraus auf der Grundlage: Gemeinnutz geht vor Eigennutz."

(Aus dem Parteiprogramm der NSDAP von 1920)

Historische Zeugnisse — M 2

„Wegen öffentlicher Verächtlichmachung der Hoheitszeichen des Reiches hatte die Staatsanwaltschaft gegen den Pfarrer Anklage erhoben ... Mit Rücksicht auf die außerordentliche Gefährlichkeit und die Schwere der beleidigenden Äußerung hielt der Staatsanwalt eine Gefängnisstrafe von drei Monaten für geboten ... In Anlehnung an die Ausführungen des Staatsanwalts erging das Urteil antragsgemäß auf eine Gefängnisstrafe von drei Monaten ..."

(Aus dem Westdeutschen Beobachter Nr. 323 vom 17.12.1933)

Der Christ und die staatliche Ordnung

M 3

Röm 13,1–7

¹ Jeder leiste den Trägern der staatlichen Gewalt den schuldigen Gehorsam. Denn es gibt keine staatliche Gewalt, die nicht von Gott stammt; jede ist von Gott eingesetzt.

² Wer sich daher der staatlichen Gewalt widersetzt, stellt sich gegen die Ordnung Gottes, und wer sich ihm entgegenstellt, wird dem Gericht verfallen.

³ Vor den Trägern der Macht hat sich nicht die gute, sondern die böse Tat zu fürchten; willst du also ohne Furcht vor der staatlichen Gewalt leben, dann tue das Gute, so dass du ihre Anerkennung findest.

⁴ Sie steht im Dienst Gottes und verlangt, dass du das Gute tust. Wenn du aber Böses tust, fürchte dich! Denn nicht ohne Grund trägt sie das Schwert. Sie steht im Dienst Gottes und vollstreckt das Urteil an dem, der Böses tut.

⁵ Deshalb ist es notwendig, Gehorsam zu leisten, nicht allein aus Furcht vor der Strafe, sondern vor allem um des Gewissens willen.

⁶ Das ist auch der Grund, weshalb ihr Steuern zahlt; denn in Gottes Auftrag handeln jene, die Steuern einzuziehen haben.

⁷ Gebt allen, was ihr ihnen schuldig seid, sei es Steuer oder Zoll, sei es Furcht oder Ehre.

Argumentationsmuster

M 4

Im Oktober 1933 wird Simon H. zusammen mit anderen führenden Mitgliedern katholischer Verbände in sog. ‚Schutzhaft' genommen. Wiederholt wird ihm die Überstellung ins Konzentrationslager Dachau angedroht. Da erhält er plötzlich ein unerwartetes Angebot: „Wenn du die Hitlerjugend übernimmst, bist du sofort frei." (vgl. Buch S. 81)

Wie hätte Simon H. auf dieses Angebot reagieren sollen?

Mögliche Argumentationsmuster:

- Annahme des Angebots, um dem Konzentrationslager zu entgehen.
- Ablehnung des Angebots aus Furcht, von Gott für den ‚Verrat' bestraft zu werden.
- ● Ablehnung des Angebots in der Hoffnung, von Gott für erlittenes Leid belohnt zu werden.
- Annahme des Angebots, weil die meisten anderen sich auch mit der neuen Situation, in der nun einmal die NSDAP den Ton angäbe, arrangiert hätten.
- Ablehnung des Angebots, weil man als Christ seiner Kirche die Treue zu halten habe.
- Annahme des Angebots, weil es Gott völlig gleichgültig sei, wie man sich in einer solchen Situation entscheide.
- Vordergründige Annahme des Angebots mit dem Vorsatz, bei passender Gelegenheit den ‚Absprung' zu versuchen, da man nicht verpflichtet sei, in einer misslichen Situation, in die man ohne eigenes Verschulden hineingeraten sei, letztlich sinnlose Opfer zu bringen.
- ● Ablehnung des Angebots aus der Hoffnung heraus, dass Gott einem Opfer, dessen Sinn man selbst nicht sofort erkennen könne, letztlich vielleicht doch einen Sinn geben werde.
- Ablehnung des Angebots, weil H. sich für die Grundgesinnung eines Pfadfinders entschieden habe und dies mit der Übernahme einer HJ-Gruppe unvereinbar sei.
- ...

Denkbare Briefkonstellationen:

- Ein Freund schreibt Simon H.
- Ein Jugendpfarrer schreibt Simon H.
- Ein Lehrer schreibt Simon H.
- ...

III. Kirche und die Zeichen der Zeit: Bedrängnis, Aufbruch und Bewahrung

M 5

Jugendverbände unter Druck

Dicht gedrängt standen die Jugendlichen am Bekenntnistag 1937 im Augsburger Dom

Aus einem Protesthirtenbrief gegen die Auflösung der katholischen Jugendverbände:

„Katholische Jugend! Bei allem Schmerz dürft ihr doch das stolze Bewusstsein haben: Ihr seid eurer heiligen Sache bis zum Schluss treu geblieben; ihr weicht nur der Gewalt ... ihr werdet Bekenner Christi bleiben und an eurem Firmungseid nicht zu Verrätern werden."

(Ludwig Volk (Hrsg.), Akten Kardinal Michael von Faulhabers 1917–1945)

Argumentationsübung

M 6

Silke, seit Jahren Ministrantin in St. Georg, wird bei einer Party Zeugin eines Gesprächs, bei dem der Papst wegen seiner starren Haltung in der Frage der Empfängnisverhütung als Hauptverantwortlicher für die Not- und Elendssituationen der Dritten Welt gebrandmarkt wird. Plötzlich wendet sich Timo an Silke: „Du gehörst doch auch zu diesem Verein! Ich kann einfach nicht verstehen, wie heutzutage ein normaler Jugendlicher da noch mitmachen kann!" Die Umstehenden stimmen Timo spontan zu.

Wie soll Silke reagieren?

- Ihre Freundin Anja rät ihr, sie solle sich doch nicht den Abend verderben und Timo zustimmen. Für ihre Ministrantentätigkeit könne sie sich ja mit dem ‚Spleen' ihrer Eltern entschuldigen.
- Bernd will nicht, dass Silke in der Clique zur Außenseiterin wird. Er drängt Silke, in der folgenden Woche ihre Ministrantentätigkeit aufzukündigen.
- Silkes Bruder Thomas meint, sie solle sich ja nicht von ein paar Meinungsführern terrorisieren lassen. Schließlich sei es immer noch ihre eigene Entscheidung, was sie für richtig erachte, und dementsprechend solle sie sich auch verhalten.
- Silke sieht es als ihre Pflicht an, den Papst in Schutz zu nehmen. Obwohl sie keine guten Gegenargumente weiß, stellt sie sich der Diskussion.
- Pfarrer Gabriel, der einige Tage später von diesem Vorfall hört, beglückwünscht Silke und meint, Gott werde ihre Treue sicher belohnen.

Denkbare Briefkonstellationen:

- Silke schreibt an Timo.
- Pfarrer Gabriel schreibt an Silke.
- Silke schreibt an ihren Großvater, von dem sie weiß, daß er im Dritten Reich häufig wegen seiner Kirchentreue aneckte. Der Großvater antwortet.
- Der Leiter der Ministrantengruppe schreibt Silke.
- Sven, dem die ganze Sache eigentlich egal ist, schreibt Silke, weil er nicht will, dass wegen einer ‚solchen Lappalie' Streit in die Clique kommt.
- Ein Freund, der bei der Diskussion innerlich auf Silkes Seite stand, der aus Furcht vor Spott aber seinen Mund gehalten hat, schreibt Silke.

Telegramm von Kardinal Faulhaber

Evangelium Hosianna fünfeinhalb Seiten, Evangelium Grabgang siebeneinhalb, Evangelium Emmaus zehn, nur Vorschlag. Monacensis

Telegramm Kardinal Faulhabers an Kardinal Bertram, den Vorsitzenden der Fuldaer Bischofskonferenz, vom 16.3.1937 zu der Frage, ob die Verlesung der Enzyklika „Mit brennender Sorge" wegen ihrer Länge auf mehrere Tage, z. B. Palmsonntag (Hosianna), Ostersonntag (Grabgang) und Ostermontag (Emmaus) verteilt werden sollte.

(Ludwig Volk (Hrsg.), Akten Kardinal Michael von Faulhabers 1917–1945)

Beispiel Schule

Kunsterzieherin Frau Brechtele schlägt vor, für das Klassenzimmer neue, moderne Kreuze zu gestalten und diese im Rahmen eines Schulgottesdienstes weihen zu lassen. Peter meldet dagegen Bedenken an, weil seiner Meinung nach Kreuze im Klassenzimmer anachronistisch sind. Frau Brechtele stellt daraufhin das Projekt zur allgemeinen Diskussion, an deren Ende eine Abstimmung in der Klasse über die Akzeptanz von Kreuzen stehen soll.

- Jürgen argumentiert, der Blick zum Kreuz habe ihm gerade in Schulaufgaben schon oft geholfen. Er möchte auf diese „Kraftquelle" nicht verzichten.
- Peters Freund Klaus nimmt sich vor, bei der Abstimmung gegen das Kreuz zu stimmen, da er sich aus solchem Anlass nicht mit Peter streiten möchte.
- Sylvia befürchtet, dass die Klasse bei einigen Lehrern in ein schiefes Licht geraten könnte, wenn sie sich einem Kreuz im Schulzimmer widersetzt.
- Dominik meint, aus Rücksicht auf nichtchristliche Mitschüler müsse man auf Kreuze in Klassenzimmern verzichten.
- Anja meint, Kreuze hängen in den meisten öffentlichen Räumen, also gehören sie auch in die Schule.
- Frau Brechtele gibt zu bedenken, dass das Kreuz im Klassenzimmer die ethisch-moralische Grundorientierung des Schulwesens samt seiner Bildungsideale zum Ausdruck bringen soll.
- Pamela meint, das Kreuz im Klassenzimmer sei völlig überflüssig. Wenn die anderen es aber unbedingt an die Wand hängen wollen, habe sie auch nichts dagegen, ihr sei die ganze Sache eigentlich egal.
- Markus schlägt vor, in der nächsten Schülerzeitung eine Umfrage zu diesem Thema an der ganzen Schule zu starten. Vom Ergebnis dieser Umfrage möchte er dann die Entscheidung abhängig machen.
- …

Wie würdet ihr argumentieren bzw. abstimmen?

Denkbare Briefkonstellationen sind:

- Ein beliebiger oben genannter Schüler berichtet seinem Großvater, der den Kruzifixerlass im Dritten Reich als Schüler miterlebt hat, von der Diskussion in der Klasse samt eigenem Standpunkt. Der Großvater antwortet.
- Ein beliebiger oben genannter Schüler fragt seinen (christlichen) Brieffreund, wie *er* sich in einer entsprechenden Situation entscheiden würde. Der Brieffreund antwortet.
- Die Mutter eines beliebigen oben genannten Schülers schreibt an Frau Brechtele. Diese antwortet.

Beispiel Rassenwahn

M 9

Als Frau Huber in einer Vertretungsstunde eine ausländische Schülerin nach ihrem Namen fragt, antwortet die ansonsten völlig unauffällige (deutsche Schülerin) Anja prompt: „Die heißt Saufett!" Anja hat damit die Mutprobe in ihrer Clique bestanden, und den Verweis, den ihr Frau Huber ausstellt, nimmt sie gerne in Kauf. Schließlich haben Tina und Marion die Parole ausgegeben, die nicht nur wegen ihres ungepflegten Aussehens unbeliebte Mitschülerin Safet, die als Sinti vor einigen Wochen neu in die Klasse kam und die mit ihren protzigen Ohrringen und dicken Armbändern sofort auf Ablehnung stieß, bei jeder Gelegenheit mit diesem Schimpfwort zu belegen. Nachdem nun sogar Anja die ‚Mutprobe' abgelegt hat, fehlt nur noch Sabrina. Die Freundinnen geben ihr noch eine Woche Zeit: Wenn sie bis dahin nicht in irgendeiner spektakulären Weise ‚die Saufett' lächerlich gemacht hat, kann sie sich eine andere Clique suchen.

- Anja erzählt Sabrina, dass sie anfangs auch Bedenken gehabt habe. Schließlich sei jedoch alles einfacher gewesen, als sie befürchtet habe. Ihre Eltern hätten über den Verweis nur gelacht, und in der Clique hätte Marion ihr neulich sehr anerkennend zugenickt.
- Sabrinas Mutter, die von ihrer Tochter ins Vertrauen gezogen wird, erinnert sie an die Judenwitze im Dritten Reich. Sie meint, man müsse den Mut haben, sich der herrschenden Meinung zu widersetzen, wenn die Würde eines Menschen in so niederträchtiger Weise in den Schmutz gezogen werde.
- Tina war Zeugin, wie Safet ihrerseits bei einem Streit in der Pause eine Mitschülerin mit obszönen Schimpfwörtern belegte. Sie meint, Sabrina brauche sich keine Gewissensbisse zu machen, schließlich träfe es mit Safet wirklich keine Unschuldige.
- Monika, die mit einer Wandschmiererei die ‚Mutprobe' abgelegt hat, erklärt, dass es für sie überhaupt keine Frage gewesen sei, die Mitschülerin zu beschimpfen. Die Anerkennung in der Clique sei ihr sowieso das Wichtigste überhaupt.
- Angelika, die nicht Mitglied in der Clique ist, die aber über die Vorgänge trotzdem Bescheid weiß, fragt Sabrina, was sie wohl empfinden würde, wenn sie als Fremde in eine Klasse käme, wo ihr Name so übel verunstaltet würde.
- Antonia, seit langem eine gute Freundin von Sabrina, kann deren Zögern nicht verstehen. Voller Erregung erzählt sie, wie ihre Eltern bei einem Pragbesuch von Zigeunern beraubt wurden. Was Safet hier passiere, sei schließlich gar nichts im Vergleich mit dem, was die Zigeuner auf dem Kerbholz hätten. Sabrina solle doch nur Safets Schmuck anschauen, wenn sie an dieser Einschätzung Zweifel habe.

Soll Sabrina die ‚Mutprobe' ablegen?

Denkbare Briefkonstellationen sind:

- Sabrina fragt ihre Brieffreundin um Rat. Diese antwortet ihr.
- Sabrina fragt ihre Großmutter, die das Dritte Reich noch bewusst miterlebt hat, um Rat. Die Großmutter anwortet ihr.
- Sabrina begründet in einem Brief an Marion, warum sie die ‚Mutprobe' (nicht) ablegt.
- Sabrina entschuldigt sich in einem Brief an Safet dafür, dass sie die ‚Mutprobe' abgelegt hat.

Beispiel Euthanasie

M 10

Bei der Fruchtwasseruntersuchung der 43-jährigen Andrea Brummer wird eine schwere Behinderung der Leibesfrucht festgestellt. Der Arzt rät Frau Brummer, die bereits Mutter von zwei gesunden Kindern ist, zur Abtreibung. Damit erspare sie sich, ihrer Familie und auch der Gesellschaft eine Vielzahl schwieriger, kraftraubender und nicht zuletzt teurer Probleme.

- Die Sprechstundenhilfe, mit der Frau Brummer ins Gespräch kommt, erzählt, dass nahezu alle Frauen in vergleichbaren Situationen sich für eine Abtreibung entscheiden.
- Herr Brummer verweist auf die Euthanasiepraxis der Nationalsozialisten und meint, der Vorschlag des Arztes sei letztlich nur eine Modifikation des nationalsozialistischen Rassenwahns, bei dem sich Menschen zu Richtern über die Sinnhaftigkeit fremden menschlichen Lebens aufschwangen. Eine solche Anmaßung sei unter keinen Umständen zu rechtfertigen.
- Frau Liebl, eine enge Freundin von Frau Brummer, gibt zu bedenken, dass ein behindertes Kind so viel Kraft und Zuwendung beanspruche, dass dadurch die beiden anderen Kinder zwangsläufig vernachlässigt würden. Deshalb rate sie zur Abtreibung.
- Bei den Meldungen der Tagesschau über die Explosion der Kosten im Gesundheitswesen überlegt Frau Brummer, ob es verantwortbar sei, wissentlich einen Menschen in die Welt zu setzen, der stets zumindest finanziell auf die Solidarität seiner Mitmenschen angewiesen sei, ohne jemals selbst sich hierfür erkenntlich zeigen zu können.
- In der gleichen Ausgabe der Tagesschau wird berichtet, ein Kardinal habe jede Form der Abtreibung als Mord bezeichnet. Wer ein solch schweres Verbrechen auf sich lade, solle sich nicht dem Trugschluss hingeben, dadurch sein Lebensglück mehren zu können.

Soll Frau Brummer ihr Kind zur Welt bringen?

Denkbare Briefkonstellationen sind:

- Frau Brummer fragt ihre Mutter um Rat. Die Mutter anwortet.
- Frau Brummer fragt eine weitere Freundin um Rat. Die Freundin rät ihr zu/ab, das Kind zur Welt zu bringen.
- Herr Brummer schreibt dem Arzt. Dieser antwortet.

III. Kirche und die Zeichen der Zeit: Bedrängnis, Aufbruch und Bewahrung

Vor- und nachkonziliares Kirchenmodell

M 11

Vorkonziliares Kirchenmodell

Nochkonziliares Kirchenmodell

An Gottes Hand – *Katholisches Religionsbüchlein für das 1. Schuljahr (um 1960)*

Weih-Nacht

Kindelein im Stall,
mach uns selig all!

Kindelein im Stroh,
mach uns froh!

Der Jesus-Knabe zeigt uns, was Gottes-Kinder tun.

Jesus betet *fromm*
Jesus ist den Eltern *folg-sam*
Jesus arbeitet *fleißig*
Jesus ist mit allen lieb und *freund-lich*

Wir beten für unsere Eltern:
O Gott, beschütze die Eltern mein
und laß uns lange bei-sammen sein!
+ Die Liebe soll uns zu-sammen-binden,
bis wir mit ein-ander ins Himmel-Reich finden.

---

in der Schule — Himmels-Tür — wenn ich spiele
wenn ich reise — im Wald
im Keller — wenn ich krank bin — beim Baden

Gott ist überall bei mir

Wo immer ich geh aus und ein,
Gott Vater ist bei mir!
* So wird's auf allen Wegen sein
bis vor die Himmels-Tür.
+ + +
Wo ich bin und was ich tu,
sieht mir Gott, mein Vater, zu.

Jesus fährt in den Himmel auf.

1. Am vierzig-sten Tage nach Ostern war Jesus mit seinen Jüngern in Jerusalem bei-sammen.
2. Er ver-sprach ihnen: Ich sende euch in wenigen Tagen der Heiligen Geist. Er wird euch stärken.
3. Dann führte er sie hin-aus auf den Öl-Berg.
4. Er segnete sie und fuhr in den Himmel auf

+ Gebenedeit ist Jesus, der in den Himmel auf-gefahren ist.
Alleluja!

Ich freue mich, Herr Jesus Christ,
daß du er-höht im Himmel bist.
Dort ist auch mir ein Ort bereit,
bei dir zu sein in Ewigkeit.

Die Würzburger Synode

M 13

„Religionsunterricht, der nicht die Erkenntnis und Liebe Gottes zum eigentlichen Ziel hat, vermittelt nicht das ewige Leben, er sinkt zu einer bloßen Religionssoziologie herab (…)

Der Religionsunterricht verfehlt sein Ziel, wenn er nicht zum Glauben an (…) Christus, zum Gebet, zum Leben im Herrn in der Liebe, Freiheit und Freude des Geistes führt (…)

Wesentliche Aufgabe auch des schulischen Religionsunterrichts ist die Hinführung, die Einweihung in das Christus-Mysterium, das in der Kirche zugänglich gemacht wird."

„Der bisherige Religionsunterricht ist eben (…) katechetisch gewesen. Man glaubte, predigen zu müssen. Das aber ist nicht mehr möglich (…)

Es geht darum, dass junge Menschen (…) überzeugt werden, dass um deren Fragen gerungen wird, dass deren Bedürfnisse aufgenommen werden, dass endlich einmal ernst gemacht wird mit dem, was die Kirche dem Ansatz nach eigentlich machen müsste: auf die Menschen – hier die jungen Menschen – zuzugehen.

Alles andere wird ein ideologischer Überbau sein und bleiben. Der mag von sämtlichen Bischöfen sanktioniert werden, – in der Realität des Unterrichts in den Schulen wird das nichts erbringen!"

Der Petersplatz im Vatikan

M 14

Apostel, Superstar, stummer Prediger

Johannes Paul II. wird von Politikern, Schriftstellern und Philosophen sehr unterschiedlich bewertet

Hans Maier, ehemals Vorsitzender des Zentralrats der deutschen Katholiken:

Europa – und besonders seine östliche Hälfte – verdanken Karol Jozef Wojtyla unendlich viel. Ohne den päpstlichen Landsmann im Rücken hätte es der Elektriker und Gewerkschaftsführer Lech Walesa wohl kaum gewagt, 1980 auf der Danziger Werft eine Weltmacht herauszufordern. Die hohe Wertschätzung, deren sich Johannes Paul II. bei vielen Europäern, auch bei Kirchenkritikern, Zweiflern, Agnostikern erfreut, hat nicht zuletzt ihren Grund in seiner politischen, weltgestaltenden Kraft. Unzweifelhaft ist er eine Zentralfigur des 20. und 21. Jahrhunderts.

Christa Nickels, kirchenpolitische Sprecherin der Grünen:

Die Faszination, die dieser Papst weltweit auf Jung und Alt ausübt, beruht auch auf der Tatsache, daß er sich als gebrechlicher alter Mann nicht zurückgezogen hat aus der Öffentlichkeit, sondern sein Pontifikat mit großer geistlicher Kraft weitergeführt hat. Dadurch wurde er zum lebendigen Gegenbild gegen den grassierenden Jugend- und Schönheitswahn. Mit seiner eigenen Person demonstriert er die unveräußerliche Würde und den Wert gerade auch von gebrechlichen, kranken und alten Menschen. Auf diese Weise hat Johannes Paul II. dazu beigetragen, einen universellen Wert hochzuhalten, der derzeit auf vielfältige Weise zu erodieren droht.

Ralph Giordano, Publizist:

Auch für den glaubenslosen Humanisten ist dies gewiß ein imponierendes, gleichwohl aber ambivalentes Leben – große Weltoffenheit, gepaart mit einer frappierenden Engstirnigkeit in Auslegung der Lehre. Wer die sogenannte „Dritte Welt" wie ich kennt, weiß, welch verheerende Folgen dort die päpstliche Verdammung von Kondomen und Abtreibung hat. Wie will dieser Papst sich der Anklage erwehren, entscheidend zu der epidemischen Ausbreitung von Aids beigetragen zu haben? Nein, die Bilanz von 26 Jahren Wojtyla ist letztlich negativ: Um die Schäden, die der Konservatismus dieses Papstes angerichtet hat, zu beseitigen, muß ein zweiter Johannes XXIII. her.

Edmund Stoiber, bayerischer Ministerpräsident:

Johannes Paul II. hat durch seine Persönlichkeit und sein Eintreten für christliche Werte und Menschlichkeit viele auf der ganzen Welt wieder für den christlichen Glauben begeistert. Er hat durch sein Charisma viele angesprochen, die den christlichen Kirchen nicht mehr nahestehen. Er steht wie kein anderer für Aussöhnung und Dialog mit den Weltreligionen.

Peter Sloterdijk, Philosoph:

Johannes Paul II. amtierte nicht wirklich an der Wende vom 20. zum 21. Jahrhundert, sondern an der vom 16. zum 17. Sein wahres Datum heißt Gegenreformation. Seit dieser Zeit wurde „glauben", in katholischer Auslegung, zu einer Form der Schauspielerei nach innen und außen – die moderne „Gesellschaft des Spektakels" entstand in den Kirchen des nachtridentinischen, militant-verführerischen, unnachgiebig absolutistischen Katholizismus. Diesen – und nicht den nachvatikanischen – griff Johannes Paul II. auf, um dessen Überredungsstrategien mit den Mitteln der Gegenwart fortzuführen, namentlich denen der Massenversammlung, dem Kult der TV-Präsenz und des Tourismus ohne Grenzen. Man wird den schlechten Dichter, den mittelmäßigen Theologen, den konventionellen Philosophen, den engstirnigen Bischof Wojtyla, den Impresario der Heiligkeiten bald vergessen haben. Der Superstar Karol hat sich darauf verstanden, schon zu Lebzeiten eine unsterbliche Ikone der synkretistischen Massenkultur zu werden.

Norbert Blüm, einstiger Bundesarbeitsminister:

Ich habe zwei Johannes Pauls im Gedächtnis: den Sportsmann Wojtyla und den alten gebrechlichen Johannes Paul, das Häuflein Elend. Er führt uns heute die Ars moriendi vor, in einer Predigt ohne Worte. Im Gedächtnis der Menschheit wird der zerbrechliche, leidende Papst bleiben, der deutlich in der Nachfolge dessen steht, den er auf Erden vertritt. Aus drei Gründen ist der Papst eine der großen historischen Gestalten unserer Zeit: Erstens Freiheit – wir verdanken die deutsche Einheit auch ihm. Das Totenglöcklein des deutschen Sozialismus ist in Polen geläutet worden. Zweitens – Frieden. Der Papst ist Präsident George W. Bush in die Parade gefahren, als er den Irak-Krieg zum Kreuzzug erklärt hat. Ohne seinen Einspruch hätte man diesen Krieg in der ganzen muslimischen Welt als Religionskrieg aufgefaßt. Drittens – Gerechtigkeit. Wer die päpstliche Enzyklika „Laborem exercens" kennt, weiß, daß der Papst mit dem Kapitalismus sowenig zu tun hat wie mit dem Sozialismus. Vorrang der Arbeit vor dem Kapital, das war seine klare Botschaft.

Joachim Gauck, ehemaliger Beauftragter für die Stasi-Unterlagen:

Als norddeutscher Protestant bin ich allem Päpstlichen abhold. Und dennoch: Dieser Papst ist meinem Herzen nah. Seine polnische Marienfrömmigkeit ist mir fremd. Und dennoch: Als er seine Landsleute ermutigte, das Ende des Kommunismus herbeizuführen, wurde er mir ein Bruder – zutiefst vertraut. Manche seiner Entscheidungen waren in einer Weise konservativ, die viele, auch mich, irritierte. Und dennoch: Ich fühle, daß Liebe ihn leitete. Nun nimmt er Abschied von der Welt. Ein Apostel geht. Ich bin traurig.

F.A.S.

IV. Zwischen Öffentlichkeit und Intimität: Freundschaft, Liebe und Sexualität

Vorbemerkungen:

a) Zum Verhältnis von Jugendsexualmoral und Kirche

Allgemein ist eine große Diskrepanz zwischen verkündeter kirchlicher Jugendsexualmoral und gelebtem Ethos der Jugendlichen feststellbar. Der Religionsunterricht muss sich dieser Situation stellen, indem er nicht primär konkrete Verhaltensnormen in einzelnen Situationen fordert, sondern eine Wertorientierung in der zunehmend offenen Gesellschaft aufzeigt. Eine ganzheitliche Sicht auf Liebe und Sexualität kommt den Jugendlichen auf ihrer Suche nach Identität entgegen, weil auch sie einer Überschätzung einerseits und einer Verdammung der Sexualität andererseits kritisch gegenüberstehen.

b) L muss gerade bei diesem Thema über seine S reflektieren und z. B. folgende Aspekte bedenken:

- Unterschiedliche Reifegrade und Erfahrungen bei S
- die Herkunft der S aus religiösen Milieus und die damit verbundenen Erwartungen
- die Bedeutung der Peergroup
- die Einflüsse der Medien
- die unterschiedliche Fähigkeit der S zur Reflexion und zum Gespräch

c) L muss nicht nur seinen Unterricht sinnvoll planen, sondern auch über sich selber nachdenken, z. B.

- über eigene Unsicherheiten mit dem Thema
- wie man ein offenes Gesprächsklima schafft und eine gefühlvolle Sprache verwendet
- wie man schülerorientierte Methoden einsetzt und sich selbst als Moderator sieht
- dass man nicht vorschnell moralisiert, aber wesentliche Werte betont
- dass man den rechtlichen Rahmen einhält, die **Richtlinien für die Familien- und Sexualerziehung in den bayerischen Schulen** (KMBek vom 12. August 2002)

Wer diesen Themenbereich nicht lehrerzentriert, sondern mit Methoden des offenen und schüleraktivierenden Unterrichts oder im Rahmen von Tagen der Orientierung behandeln will, findet auf der CD folgende Materialien:

1. Anspruch und Wirklichkeit
2. Grenzverletzungen
3. Rollenerwartungen
4. Sensis
5. Werte versteigern
6. Zielscheibe: Erwartungen an einen Partner
7. Die Stufen der Zärtlichkeit (Stunde 5)
8. Die Dilemmadiskussion zur Abtreibung (Stunde 12)

1. Bilddoppelseite (S. 110/111)

Lernziele:

- S gewinnen einen Überblick über die Bandbreite und Bedeutung des Themas.
- S formulieren Assoziationen und äußern ihre Interessen.
- L und S vereinbaren Schwerpunkte und Methoden.

Hinweise für den Unterrichtsverlauf:

Vorbereitung:

Kopie von **M 1** und Bild 1 als Folie und ggf. auch im Klassensatz

Einführung:

S betrachten die DS, benennen die Lebensbereiche, die das Thema berührt. L kann die Stichworte an der Tafel festhalten:

- Ehe und Ehescheidung
- Erwartungen an den Partner
- Prostitution
- Homosexualität
- Liebe und Sex in den Massenmedien
- Sexualstraftaten und -verbrechen
- Schutz des ungeborenen Lebens, Abtreibung
- Liebe und Sexualität in der Kunst und Literatur
- AIDS
- Werte von Jugendlichen

Erarbeitung:

L lässt die S bei den Schwerpunkten und Methoden mitbestimmen (vgl. weiteren Verlauf der Unterrichtseinheit). L weist auf besondere Gesprächsregeln und auf die Möglichkeit eines anonymen Fragekastens hin.

Alternative:

L gibt **M 1** als AB aus. S lösen die Aufgaben und entdecken sogar aus der historischen Distanz die Bedeutung von Liebe und Sexualität für ein gelingendes Leben heute.

IV. Zwischen Öffentlichkeit und Intimität: Freundschaft, Liebe und Sexualität

Hausaufgabe:

Anzeigen aus Zeitschriften sammeln, die mit Sex für Produkte werben.

Hinweis: Falls die Werbeanzeigen in der nächsten Stunde auf Folie präsentiert werden sollen, ist auf eine rechtzeitige Abgabe beim L zu achten!

2. Liebe und Sex – persönlich und öffentlich (S. 112/113)

Lernziele:

- S konfrontieren sich mit Erfahrungen Gleichaltriger.
- S erkennen, wie Liebe und Sexualität vermarktet wird.
- S sollen gegen den Druck von Medien zu persönlichen Einstellungen finden.

Hinweise für den Unterrichtsverlauf:

Vorbereitung:

Ggf. Kopie von den S vorgelegten Werbeanzeigen auf Folie (Bild 2)

Einführung:

Zeigen, Erklären und evtl. Ausstellen der Werbeanzeigen

Erarbeitung 1:

S lesen die persönlichen Aussagen auf S. 112 und sammeln die Probleme, die Jugendliche ihres Alters beim Thema Liebe und Sexualität haben können (**AA 1**): *Unterschiedliche körperliche Reife, Minderwertigkeitsgefühle, hoher Erwartungsdruck, Glücksgefühl, aber auch Angst vor Trennung, Unsicherheit der Gefühle, keine verbindlichen Antworten auf viele Fragen, Spiel mit sexuellen Reizen, Reizüberflutung durch die Medien, Schüchternheit und Einsamkeit …*

Hausaufgabe: AA2

Erarbeitung 2:

L leitet mit der Frage, an wen Jugendliche häufig ihre Fragen im Bereich von Liebe und Sexualität richten, zu dem Text auf S. 113 im Stil einer Jugendzeitschrift über. S lesen und diskutieren (auch über dieses Beispiel hinausgehend), wie hilfreich diese Beratung ist. Die Fragwürdigkeit einiger „Ratschläge" kann von S oft kritischer beantwortet werden als von Erwachsenen bzw. Lehrern.

Hinweis: Die BRAVO-Redaktion erreichen per Post und über das Internet wöchentlich ca. 600 Anfragen von Kindern und Jugendlichen, die alle beantwortet werden. Nur wenige davon werden veröffentlicht.

AA2 lässt sich mit dem rechten Bild ausführen. Es ist aber durchaus empfehlenswert, das Werbemotto „Sex sells" durch eine Arbeitsgruppe genauer untersuchen zu lassen. Beispiele finden sich in Zeitschriften, aber auch im Internet (Suchbegriff „Erotik in der Werbung"). Zu untersuchen wäre z. B. auch der Stellenwert sexueller Darstellungen in der Fernsehwerbung und in Musikvideos.

Das Werbekonzept „AIDA" lässt sich im Bild S. 113 durch folgende Gedankenkette verdeutlichen:

Attention	Aufmerksamkeit für den Jungen	
Interest	Genaueres Hinsehen (Gesicht, Haare, Brust)	für das Parfum (auf Brusthöhe)
Desire	Attraktivität des Jungen, seines Lachens …	Verlangen nach dem Parfum
Action	Erobern, haben wollen	Kaufen dieses Produkts

Durch weitere Werbeanzeigen kann dieses Konzept bestätigt werden.

Vertiefung:

Beschreibung und Deutung der Karikatur von J. J. Sempé (**M 2**)

Beschreibung: In einer U-Bahnhaltestelle stehen sich auf gegenüberliegenden Bahnsteigen zwei ganz kleine, stilisierte Figuren (links eher ein Weibchen, rechts ein Männchen) gegenüber. Wie von einer Überwachungskamera aus geht der Blick auf die zwei Gleisstränge, die sich perspektivisch in der Mitte des Bildes im Dunkel der Tunnelröhre verlieren, in der nur ein kleiner weißer Punkt erkennbar ist. Hinter den beiden Figuren mit einer kleinen „Aura" steht jeweils eine übergroße Plakatwand, auf der Models in leuchtender Unterwäsche dargestellt sind: auf der rechten Seite ein Mann, der eine Zigarette raucht, auf der linken Seite eine Frau, die aufreizend posiert.

Deutung: U-Bahnhaltestelle: Sexualität als Teil des Unbewussten, Nicht-Öffentlichen, Dunklen …

Stilisierte Figuren: Die Bahnsteige trennen die beiden voneinander, eine direkte Begegnung ist nicht möglich, der Abstand ist zu weit, der „Abgrund" zu tief …, beide sind einsam und allein … In der Kopfhaltung ist auch Schüchternheit, Ohnmacht und Resignation angedeutet.

Werbetafeln: Der Mann rechts verkörpert durch seine Haltung beim Anzünden einer Zigarette einen „coolen", lässigen Typen, während die Frau links mit BH, Straps und Strümpfen, mit einem fröhlichen Gesicht und einer aufreizenden Haltung Lebenslust, Freizügigkeit und Selbstbewusstsein demonstriert: typische Leitbilder für Männer und Frauen in der Werbung.

Dimensionen: Die erotischen Darstellungen erdrücken in ihrer Dimension die kleinen Gestalten, machen sie „nieder" und klein. Die Wirklichkeit des Menschen wird durch die Scheinwelt der Werbung, die dennoch die Fantasien und Erwartungen beherrscht, verdrängt und ersetzt. Die geringe „Ausstrahlung", die die Menschen natürlicherweise besitzen, verschwindet fast.

3. Alles nur Chemie? (S. 114/115)

(Diese Stunde kann bei Zeitnot entfallen.)

Lernziele:

- S reflektieren und analysieren das Gefühl des Verliebtseins
- S erkennen die Einheit von Leib, Seele und Geist am Beispiel des Verliebtseins.

Hinweise für den Unterrichtsverlauf:

Vorbereitung:

Text von A. Bartels lesen: Neurowissenschaftler entzaubert das Rätsel der Liebe

Einführung:

L lässt S Ausdrücke sammeln, die Jugendliche für das Gefühl des Verliebtseins verwenden, zum Beispiel: Schmetterlinge im Bauch, jemanden anhimmeln, sich verknallen, Feuer und Flamme sein für ...

Erarbeitung:

S lesen zuerst den schwarz gedruckten Text und vergleichen die Situation mit aus Büchern, Filmen oder der eigenen Erfahrung bekannten Situationen.

Dann wird erst der blau gedruckte Text gelesen, der aus der Sicht der Verhaltensforschung, der Psychologie und der Hirnforschung Erklärungen für das Gefühl des Verliebtseins liefert.

AA1 lässt sich folgendermaßen beantworten und visualisieren:

Verhaltens-forschung	erforscht das Liebesverhalten von Menschen im Vergleich mit Tieren
Psychologie	erforscht die unbewussten Neigungen und Einstellungen beim Verliebtsein
Biochemie/ Neurobiologie	erforscht die Vorgänge im Gehirn und im Körper von Verliebten

AA2: Zur Beantwortung kann L einen weiterführenden Artikel (CD-Rom) heranziehen: *Andreas Bartels ist ein junger Schweizer Hirnforscher, der in seinen Experimenten dem „Rätsel" der Liebe nachgeht. L gibt den Inhalt des Artikels wieder und stellt die Frage, welche Dimensionen von „Liebe" in einer solchen Sichtweise fehlen.*

Vertiefung:

AA3: *Das Zitat aus der Enzyklika von Papst Benedikt XVI. führt die S zu einer ganzheitlichen Sicht von Liebe hin. Einseitige Verabsolutierungen sind aus christlicher Sicht also abzulehnen:*

nicht „nur" Geist sondern auch Körper, Sexualität, Sinne ...	oder	„nur" Leib, also auch: Gefühle, Gedanken, Fantasie ...

Hausaufgabe:

S erstellen ein Mindmap zu den „Formen der Liebe" (evtl. auf Folie)!

4. Formen der Liebe und Dimensionen der Sexualität (S. 116/117)

Lernziele:

- S differenzieren den Begriff und die Vorstellungen von Liebe
- S erweitern ihre Vorstellungen von der Bedeutung der menschlichen Sexualität
- S hinterfragen ihre bisherigen Einstellungen zu Liebe und Sexualität

Hinweise für den Unterrichtsverlauf:

Vorbereitung:

Kopie von M 3 im Klassensatz, ggf. Kopie von „Bilder der Liebe" Bild 3 auf Folie

Einführung:

Besprechung der Hausaufgabe (evtl. anhand der Schülerfolien): Differenzierungen zum Thema „Liebe". S lesen den Text auf S. 116 oben und bearbeiten den AA 1 als Überleitung zu den drei Formen der Liebe.

Erarbeitung (1):

Die drei Formen der Liebe werden besprochen. Stichwortartig lassen sich die wesentlichen Merkmale auf dem AB M 3 sichern.

Vertiefung (1):

Zur Vertiefung können „Bilder der Liebe" auf Folie verwendet werden. Es bietet sich aber auch an, Platons Mythos vom Kugelmenschen vorzulesen und die Frage zu stellen, welche Art der Liebe hierbei gemeint ist und was der Mythos des griechischen Philosophen (427–347 v. Chr.) erklären will.

> In unvordenklichen Zeiten gab es menschliche Wesen, die rund waren. Sie hatten an einem Rumpf vier Arme und vier Beine und auf einem Schädel zwei Gesichter mit insgesamt vier Augen, vier Ohren, zwei Nasen und zwei Mündern … Mit ihrer gewaltigen Kraft griffen sie sogar die Götter an. Diese beschlossen, sie nicht zu töten, aber entscheidend zu schwächen. Sie schnitten die Wesen in der Mitte entzwei, (…). Von nun an ging jede Hälfte sehnsüchtig nach der anderen passenden Hälfte auf die Suche. Wenn sie sich fanden, umschlangen sie sich mit ihren Armen und verflochten sich miteinander in dem Verlangen, zusammenzuwachsen.

Erarbeitung (2):

Um zu zeigen, dass auch Sex(ualität) nicht eindimensional verstanden werden kann, werden die vier Dimensionen der Sexualität anhand der Texte auf der S. 117 erläutert und gerafft, evtl. auf die im Buch fett gedruckten Stichwörter und Fragen reduziert, ins AB M 3 eingetragen.

Vertiefung (2):

Zur Vertiefung kann der AA1 auf Seite 117 gewählt werden, der noch einmal Äußerungen Jugendlicher aufgreift und sie unter dem Aspekt der vier Dimensionen der Sexualität betrachtet.

Interessanter ist allerdings der AA2, der das Bild des französischen Surrealisten René Magritte „Les Amants" (Die Liebenden) auf dem Hintergrund der neuen Kenntnisse der Stunde zur Diskussion stellt.

Die entscheidende Frage ist dabei: Warum sind die Gesichter der beiden Liebenden mit einem Tuch verhüllt? Die Antwort von Kunstwissenschaftlern ist keineswegs eindeutig, so dürfen auch die S ihre Vermutungen äußern:

– weil sie sich noch nicht gut kennen
– weil sie miteinander Verstecken spielen
– weil man sich nie ganz versteht, auch wenn man sich liebt
– weil jeder für sich auch Geheimnisse hat, die er/sie nicht preisgibt
– weil man so den anderen erst ent-decken kann
– usw.

L lässt bei diesen Äußerungen der S immer wieder einen Bezug zu den Formen der Liebe oder den Dimensionen der Sexualität herstellen.

5. Stufen der Zärtlichkeit (S. 118/119)

Lernziele:

– S entwickeln nach ihren realen oder idealen Vorstellungen den Verlauf einer Freundschaft im Hinblick auf die sinnlichen Ausdrucksformen und die Beziehungsebenen.
– S reflektieren dabei unterschiedliche Erwartungen und sprachliche Formulierungsprobleme.
– S finden selbst Kriterien für gelingende Freundschaft und Partnerschaft und diskutieren Thesen zu den Stufen der Zärtlichkeit.

Hinweise für den Unterrichtsverlauf:

Vorbereitung: Kopie von M 4 auf DIN A3 kopieren (5–7 Exemplare)

Wenn man diese „Methode" intensiv und nachhaltig anwenden will, braucht man zwei Schulstunden. In der ersten Stunde wird man bis zu Punkt 5 (max. bis 7) kommen. In der darauffolgenden Stunde kann man dann ausführlich die Thesen zu den Stufen der Zärtlichkeit (S. 119) diskutieren und zu Punkt 8 dieser Thesen notfalls einige Aussagen der Kirche zu Sexualität und Partnerschaft (S. 120 f.) vorziehen.

Die Vorgehensweise ist auf S. 118 erklärt. Folgende zusätzliche Hinweise sind hilfreich:

1. Die Wendeltreppe oder Stufentreppe (Punkt 2) kann der L auch auf einem AB vorgeben (M 4). Die Vorlage erleichtert den S auch die Arbeit und später den Vergleich mit anderen Gruppen. Möglich sind aber auch größere Plakate, die sich besser im Plenum präsentieren lassen.
2. Damit jede(r) zu Wort kommen kann, müssen die Gruppen klein sein.
3. Die S dürfen ihre (Jugend-)Sprache verwenden, der L greift helfend bei Gruppen ein.
4. Nach der GA sollen sich jeweils zwei Gruppen über ihre Ergebnisse austauschen.
5. Gleichgeschlechtliche Gruppen können beim Vergleich der Ergebnisse mit einer Gruppe anderen Geschlechts interessante Unterschiede feststellen und diskutieren.
6. L kennt das Lösungsmuster (CD-Rom), das allerdings keinen Erwartungshorizont darstellt, und hilft deshalb bei Punkt 4, indem er mögliche Beispiele in der Umgangssprache oder im Dialekt einbringt.
7. Als Hausaufgabe möglich: S formulieren Thesen im Anschluss an die Stufenleiter der Zärtlichkeit, indem sie den Satz fortsetzen: Eine Freundschaft wird schön, wenn …

In der zweiten Stunde werden zuerst die Sätze von der HA vorgelesen und auf ein Plakat und/oder in die Hefte geschrieben, dann werden die Thesen aus dem Buch

S. 119 aufgegriffen, erläutert und in einer Kurzfassung ebenfalls für die Präsentation im Klassenzimmer auf Plakate und in die Hefte notiert.

Die These Nr. 8 provoziert Widerspruch bei den S und leitet zur nächsten Stunde über.

Der „persönliche Tipp" greift die in Zeitschriften häufig veröffentlichten Partnerschaftstests auf und gibt einige ernsthafte Ratschläge zum Nachdenken über Freundschaft und Partnerschaft im Jugendalter.

Mögliche *Hausaufgabe* für alle oder ein Auftrag für eine Internetrecherche an Einzelne mit dem Suchbegriff „Wahre Liebe wartet": Ziele und Begründungen dieser Bewegung

6. Aussagen der Kirche zu Sexualität und Partnerschaft (S. 120/121)

Lernziele:

– S sollen wesentliche Normen und deren Begründungen im Bereich der kirchlichen (Jugend-)Sexualmoral kennenlernen.
– S sollen die Differenz zum gelebten Ethos reflektieren und zu einer eigenen Wertentscheidung finden.

Hinweise für den Unterrichtsverlauf:

Einführung:

L kann an Vorwissen der S anknüpfen und bereits bekannte Normen der katholischen Kirche im Bereich der Jugendsexualmoral erfragen. Einen gewissen Kontrast dazu stellt dann der Text der Jugendkommission der Deutschen Bischofskonferenz auf S. 120 dar, wenn er von einer „Einladung" spricht, die „Normen" zu heiklen Bereichen der Jugendsexualität in „einer verständnisvollen Sicht aufzunehmen". Hier wird also nicht verurteilt und mit „Sünde" argumentiert, sondern es wird dazu aufgefordert, die Aussagen der Kirche wahrzunehmen, die zugrunde liegenden Wertvorstellungen zu erkennen und Weisungen der Kirche im eigenen Gewissen zu bedenken.

Erarbeitung:

Die einzelnen Aussagen, die jeweils nur Ausschnitte aus den entsprechenden Katechismuspassagen sind, werden am besten in fünf Kleingruppen behandelt. Kleingruppen ermöglichen für die S eine gewisse Anonymisierung der persönlichen Einstellungen und eine offenere Auseinandersetzung mit dem Thema. Die AA stellen nur eine Möglichkeit dar, Kerngedanken des Textes herauszuarbeiten, sie im Plenum zu referieren und evtl. im Hefteintrag zu fixieren. Es kann jedoch auch eine andere Aufgabenstellung hilfreich sein, z. B. beim Thema Selbstbefriedigung: „Vergleicht diese Aussagen mit anderen Einschätzungen z. B. in Jugendzeitschriften!" oder eine für alle Gruppen geltende Aufgabe wie „Findet heraus, welche Werte diesen Aussagen zugrunde liegen!" Die Gruppe, die sich mit dem Thema „Voreheliche Sexualität" befasst, soll auch die Ergebnisse der Internetrecherche zur Keuschheitsbewegung „Wahre Liebe wartet" diskutieren und später präsentieren. Natürlich werden von S auch kritische Äußerungen zu diesen Themen kommen. Im Plenumsgespräch wird der L andere Meinungen und Einstellungen nicht unterdrücken oder verurteilen, sondern der Gewissensentscheidung jedes Einzelnen überlassen, welchen Werten und Normen er folgen will.

Mögliches Ergebnis als TA und HE:

Thema	Norm	Begründung/Werte
Selbstbefriedigung	auf Dauer „sittliches Fehlverhalten"	statt Egozentrik Reifung zur Partnerschaft, Gefahr des Suchtverhaltens
Voreheliche Sexualität	Enthaltsamkeit: Kein Sex vor der Ehe	Keine Liebe „auf Probe", die Entwicklung der Partnerschaft bis zur Ehe ist wichtig.
Verhütung	nur „natürliche" Methoden erlaubt, Kondom, Pille, Spirale etc. nicht	Liebende Vereinigung und Fortpflanzung sind untrennbar miteinander verbunden.
Pornografie	besonders gefährlich in Verbindung mit Gewalt	Verletzung der Würde des Menschen, Sex als Ware
Ehelosigkeit	Pflicht für Priester und Nonnen, frei gewählt als Lebensform	Sexualität ist nicht alles: Es gibt „höhere" Ziele (Agape, Caritas)

IV. Zwischen Öffentlichkeit und Intimität: Freundschaft, Liebe und Sexualität

7. Die Sprache der Liebe im Alten Testament (S. 122/123)

Lernziele:

- S sollen einen Einblick in die Motive und Symbole des Hohen Lieds von Salomo erhalten.
- S sollen verstehen, wie diese Liebeslieder im AT verstanden wurden und heute zu verstehen sind.

Hinweise für den Unterrichtsverlauf:

Vorbereitung:
Kopie von M 5 im Klassensatz

Einführung:
L „überrascht" die S mit einem „Liebesgedicht" und lässt die S raten, wo man solche Texte finden könnte:

> **Hld 7, 7–13**
>
> Du bist schön wie keine andre, dich zu lieben macht mich glücklich!
>
> Schlank wie eine Dattelpalme ist dein Wuchs, und deine Brüste gleichen ihren vollen Rispen.
>
> Auf die Palme will ich steigen, ihre süßen Früchte pflücken, will mich freun an deinen Brüsten, welche reifen Trauben gleichen.
>
> Deinen Atem will ich trinken, der wie frische Äpfel duftet, mich an deinem Mund berauschen, denn er schmeckt wie edler Wein ...
>
> (Aus: DIE BIBEL in heutigem Deutsch. Die Gute Nachricht des Alten und Neuen Testaments. Deutsche Bibelgesellschaft. Sonderausgabe zum Jahr mit der Bibel 1992)

Erarbeitung:
S lesen die Einleitung auf S. 122. Die Diskussion der Frage, warum erotische Liebeslieder in der Heiligen Schrift stehen, ist erst nach einer eingehenden Beschäftigung möglich. S lesen die abgedruckten Texte und suchen die Symbole heraus. L verteilt das M 5 und lässt in PA die Symbole deuten. (AA 1) Im Plenum werden die Deutungen besprochen. Durch das Finden von Überschriften (AA 2) lässt sich auch eine Entwicklung in der Liebesbeziehung erkennen.

Mögliche Überschriften:
1. Liebesbegegnung im Weinhaus
2. Wiederholtes Verlangen und neue Sehnsucht
3. Unvergänglichkeit und Unauslöschlichkeit der Liebe

Vertiefung: AA S. 123
Bildbetrachtung: Ernst Alt: Braut und Bräutigam *(nach Herbert Klos)*

Abschließende Frage: Warum Liebeslieder im AT?

Mögliche Antworten:
- Aufwertung von Liebe, Erotik und Sexualität durch Aufnahme von Liebesliedern in die „Heilige Schrift"
- Gegenbewegung zur Verherrlichung, ja Vergöttlichung der Sexualität in der Antike (und heute)
- Idealisierung durch allegorische Deutungen: Liebe Gottes zu seinem Volk, Liebe Christi zur Kirche usw.

Hinweis für Musikliebhaber: 2007 ist eine CD des Vokalsextetts „Singer Pur" mit dem Titel „Das Hohelied der Liebe" erschienen, das folgende Vertonungen enthält: Phinot: Surge, propera amica mea; Moody: Canticum Canticorum II; Lechner: Surge, propera amica mea; Dufay: Anima mea liquefacta est; Elias: Song; Richafort: Veni, electa mea; Schütz: Ego dormio; Metcalf: Ego dilecto; Keller: Der Gesang der Gesänge u. a.

8. Die Sprache der Liebe im Neuen Testament (S. 124/125)

Lernziele:

- S sollen die Hymne an die Liebe von Paulus kennen.
- S sollen die Aussagen von 1 Kor 13, 1–13 mit der Wirklichkeit konfrontieren.
- S sollen eine künstlerische Darstellung mit dem Text in Beziehung setzen und deuten.

Hinweise für den Unterrichtsverlauf:

Vorbereitung:
evtl. Kopien von 1 Kor 13 im Klassensatz; CD-Player, Meditationsmusik

Einführung:
Eingangsfrage des L: In welchen Zusammenhängen taucht im NT das Wort „Liebe" auf? Wiederholung der Trias der Gottes-, Nächsten- und Selbstliebe. Konkret wird diese Liebe in Beispielerzählungen und im Wirken Jesu, die S können dazu Beispiele nennen.

Erarbeitung:
L erinnert an das Grundwissen der 6. Jahrgangsstufe, erläutert im Anschluss an das Lesen des Einleitungstextes S. 124 die Situation im damaligen Korinth und erklärt vorweg die damalige Praxis von „prophetischem Reden" und von „Zungenrede" (Glossolalie: Hervorbringen unverständlicher Laute in religiöser Ekstase).

Zunächst wird der Text 1 Kor 13, 1–13 an einem Stück vorgetragen. Dann werden nach der Methode des „Bibel Teilens" einzelne Sätze oder Satzteile von S in die Stille gesprochen, um den Aussagen mehr Gewicht zu verleihen und die S zum Nachdenken anzuregen.

In PA diskutieren die S die Bedeutung ausgewählter Textabschnitte im Hinblick auf konkrete Situationen ihres

Alltags (AA 2). Der L muss wohl immer wieder Hilfen geben zum Beispiel durch Fragen wie:
- Wo hast du erfahren, dass Liebe nicht ihren Vorteil sucht?
- Erträgt die Liebe wirklich alles?
- Hört die Liebe wirklich niemals auf?
- Inwiefern ist unser Erkennen Stückwerk?
- Warum soll die Liebe größer sein als Glaube und Hoffnung? usw.

Im Plenum werden die Ergebnisse der Partnerarbeit vorgestellt.

Jeder S erhält für einige Minuten Zeit, einen Satz für sich auszuwählen und ihn kalligraphisch in sein Heft zu übertragen.

Vertiefung:

Bildmeditation zum Bild auf S. 125 (mit leiser Hintergrundmusik)

Alternative: Wer lieber mit einem kritischen „Anti-Text" zu 1 Kor 13 schließen möchte, könnte auf die Parodie von Jörg Zink zurückgreifen.

9. Die Sprache der Liebe in literarischen Texten (S. 126/127)

Lernziele:

- S sollen Liebesgedichte lesen, sie vergleichen und eines auswählen.
- S sollen ihre Auswahl nach ihren eigenen ästhetischen Kriterien begründen.

Hinweise für den Unterrichtsverlauf:

Vorbereitung:
CD-Player, Meditationsmusik

Einführung:
Variante 1: L fragt die S nach Romanen und Erzählungen mit dem Thema Liebe und Freundschaft und lässt einzelne S kurz über ihre Leseerfahrungen berichten (thematische Hinführung).

Variante 2: L fragt die S nach den Merkmalen von Gedichten, die sie aus dem Deutschunterricht kennen (formale Hinführung). Die Merkmale werden auf einer Folie notiert, z. B.

- klar umrissenes Thema
- in Strophen und Verse gegliedert
- mit oder ohne Reime
- verdichtete Erfahrungen und Erkenntnisse
- ungewöhnlicher Satzbau, auch bruchstückhaft
- besondere Wortwahl

- Einsatz von rhetorischen Stilmitteln
- mehrdeutige Metaphern und Symbole
- Rechtschreibung und Zeichensetzung gegen die Regeln

Erarbeitung:

AA 1 auf S. 126 in Stillarbeit. Es kommt dabei nicht auf literaturwissenschaftlich exakte Analysen an, sondern auf die Affinität jedes einzelnen S zu bestimmten Formen, Themen und Sprechweisen. Der L kann sich bei diesem Verfahren selbst beteiligen und auch ein Gedicht auswählen und seine Wahl begründen. Die Präsentationen der S werden weder diskutiert noch bewertet.

Vertiefung:

Bei leiser Musik entwerfen die S (und am besten auch der L) ein eigenes Liebesgedicht, das jedoch nicht veröffentlicht wird.

10. Homosexualität und Partnerschaft (S. 128/129)

Lernziele:

- S sollen anhand eines authentischen Textes die persönliche Situation eines homosexuellen Jugendlichen kennenlernen.
- S sollen anhand eines Informationstextes Hintergründe von Homosexualität verstehen.
- S sollen unterschiedliche Bewertungen von Homosexualität nachvollziehen und zu einem eigenen Standpunkt finden.

Hinweise für den Unterrichtsverlauf:

Vorbereitung:

Kopie der Karikatur „Homosexualität" auf Folie (Bild 4)

Einführung:
Variante 1

L liest einen Coming-out-Text eines Jugendlichen aus dem Jugendmagazin „Provo" (3/94) vor (Provo ist das Jugendmagazin von Publik-Forum).

Variante 2

L zeigt auf Folie die Karikatur „Homosexualität" und lässt die S Gründe für das Verhalten des Vaters finden.

Variante 3

Die Karikatur auf S. 129 ist weniger realistisch, führt aber auch zum Thema der Stunde hin.

IV. Zwischen Öffentlichkeit und Intimität: Freundschaft, Liebe und Sexualität

Erarbeitung:

Der grüne Text auf S. 128 ist ein authentischer Bericht eines ehemaligen Schülers (der Name ist geändert) aus einer 10. Jahrgangsstufe. Seine Erfahrung zeigt Gemeinsamkeiten und Unterschiede zu dem Bericht von Patrick oben, die im Gespräch mit S herausgearbeitet werden können.

Im zweiten Schritt sollen die S sich anhand von Sachinformationen aus der Info-Box notwendiges Hintergrundwissen aneignen:

- Ursachen der Homosexualität unklar
- Homoerotische Phasen in der Pubertät
- Vorurteile gegen Homosexuelle
- Schuldgefühle

Beim dritten Schritt sollen über Äußerungen von Jugendlichen in einem Chat-Room (S. 129) die S ermuntert werden, eigene Meinungen zu äußern und zu Aussagen anderer Stellung zu beziehen.

Schließlich werden die S mit Aussagen der katholischen Kirche zur Homosexualität konfrontiert, die sie in ihren Begründungszusammenhängen verstehen sollen.

Vertiefung:

AA 1 ist dabei schnell zu klären, während der AA 2 vom L eine kurze Erläuterung der „Eingetragenen Lebenspartnerschaft" (LPartG) erfordert.

Hausaufgabe:

Internetrecherche zum Stichwort „Aktion Schutzengel": Ziele und konkrete Projekte dieser Aktion

11. Missbrauch von Sexualität

(S. 130/131)

Lernziele:

- S sollen wesentliche Ursachen für die Kinderprostitution und den Sextourismus kennen.
- S sollen sexuelle Übergriffe im Nahbereich erkennen.
- S sollen sich in die Situation von Opfern sexueller Gewalt einfühlen.

Hinweise für den Unterrichtsverlauf:

Vorbereitung:

L bringt Logo der „Aktion Schutzengel" mit und eine Kopie des Bildes „Die Hände" von E. Munch (Bild 5)

Einführung:

L zeigt das Logo der „Aktion Schutzengel". Das Wort „Sextourismus" wird verschwiegen, bis das Ziel dieser Kampagne von S genannt wird. Bei der Besprechung der Hausaufgabe (AA 2) werden Projekte in Ländern zur Sprache kommen, die vom Sextourismus und von der Kinderprostitution geplagt sind.

Erarbeitung 1:

S lesen den Informationstext „Kinderprostitution in vielen Ländern" und nennen entsprechend AA 1 Gründe und Hintergründe für die Kinderprostitution (1. Teil: Opfer) und den Sextourismus (2. Teil: Täter). Hintergrundinformationen für L auf CD-Rom.

Erarbeitung 2:

„Sexuelle Gewalt" gibt es aber auch im Nahbereich, in der Familie, in der Schule und im Dorf oder in der Stadt. Sexuelle Übergriffe sind meist tabuisiert, man spricht also nicht offen darüber. Dennoch gibt auch unter S scheinbar harmlose Aktionen, wie sie im Text S. 131 (1. Absatz) geschildert werden. Schwerwiegender ist der sexuelle Missbrauch, der tiefe seelische Wunden und lebenslange Traumata verursachen kann.

Wenn sich die S in die Situation von Opfern sexueller Gewalt einfühlen sollen, kann als Folie die Studie „Die Hände" von Edvard Munch verwendet werden. Munchs gleichnamiges Bild im Buch S. 131 ist wegen der aufreizenden, exhibitionistischen Pose der Frau für den Zweck der „Compassion" mit dem Opfer weniger geeignet!

Kurzbeschreibung:

Im Mittelpunkt steht ein Mädchen mit dem Rücken zum Betrachter. Es trägt eine auffällig rote Plunderhose, die bis unter die Knie reicht. Die Gesichtszüge und der nackte Rücken, über den ein Teil der langen Haare hängt, zeigen, dass das Mädchen fast noch ein Kind ist. Dennoch strecken sich gierig einige Männerhände nach dem halbnackten Mädchen aus, das sich erstaunt oder sogar ängstlich nach diesen Händen umblickt. An einem dieser Hände steckt ein Ehering.

S lesen nun die Äußerungen von Opfern sexueller Gewalt S. 131

Vertiefung:

Letzter AA S. 131: Gegen welche Gebote bzw. Aspekte des christlichen Menschenbildes verstößt sexueller Missbrauch?

12. Schwangerschaftskonflikt und Abtreibung (S. 132–135)

Für dieses Thema sind mindestens drei Stunden anzusetzen.

Lernziele:

- S sollen die Methode „Dilemmadiskussion" kennenlernen.
- S sollen ihre eigenen Standpunkte beim vorgegebenen Fall argumentativ rechtfertigen.
- S sollen die Argumente der Gegenseite bewerten und das eigene Urteil überprüfen.
- S sollen die gesetzliche Grundlage für den Schwangerschaftsabbruch und die Praxis der Abtreibung in Deutschland kennen.
- S sollen die Ziele und Inhalte der Schwangerschaftskonfliktberatung kennenlernen.
- S sollen sich für den Schutz des ungeborenen Lebens einsetzen.

Hinweise für den Unterrichtsverlauf:

Vorbereitung:

Kurzfilm „Abtreibung? Entscheidungen ..." bei der Medienzentrale besorgen; verschiedenfarbiges Papier für die Pro- und Kontragruppen bereithalten; Einführung in die Methode der Dilemmadiskussion aufmerksam lesen; Einladung einer Mitarbeiterin einer Schwangerschaftskonfliktberatungsstelle; neueste Statistik über Schwangerschaftsabbrüche in Deutschland recherchieren.

Zur Theorie der „Dilemmadiskussion" allgemein:

Unter einem Dilemma versteht man in der moralphilosophischen Diskussion eine Entscheidungssituation von bipolarer Struktur, das heißt: Man muss sich zwischen zwei Handlungsmöglichkeiten entscheiden, die beide moralisch möglich und gerechtfertigt sind, so dass das Befolgen des moralisch Richtigen zugleich auch immer einen Verstoß gegen das moralisch Richtige darstellt, wie beispielsweise bei einem Konflikt zwischen dem Wert der Wahrhaftigkeit und dem Wert der Freundschaft: Soll man, um seine Freunde zu schützen, lügen oder seine Freunde um der Wahrheit willen verraten? In einer solchen Situation befindet man sich in einer „Zwickmühle": Wie man auch entscheidet, man verstößt immer gegen moralische Werte, entweder gegen Wahrhaftigkeit oder Freundschaft. Die Unsicherheit darüber, welche der beiden Handlungsmöglichkeiten die richtige ist, regt zum Nachdenken an und fordert schließlich eine klare Entscheidung, die begründet werden muss.

Lawrence Kohlberg (1927–87) hat sich die didaktische Funktion von Dilemmata für sein Konzept zur Förderung der moral-kognitiven Entwicklung zunutze gemacht. Für seine Untersuchungen zur kognitiven Entwicklung der moralischen Urteilsfähigkeit entwarf er eine Reihe von moralischen Zweifelsfällen, mit denen er seine Probanden konfrontierte. Das berühmteste dieser Dilemmata ist das sog. Heinz-Dilemma: Eine krebskranke Frau liegt im Sterben und kann nur durch ein Medikament eines Apothekers gerettet werden, der dafür 2000 Dollar verlangt. Heinz, der Ehemann der Frau, kann nur 1000 Dollar aufbringen, und nachdem alle Versuche gescheitert sind, legal an das Medikament zu kommen, überlegt er, ob er in die Apotheke einbrechen und das Medikament stehlen soll. Dem Kohlbergschen Ansatz zufolge entwickelt sich die moral-kognitive Urteilsfähigkeit in der interaktiven Auseinandersetzung des Menschen mit seiner sozialen Umwelt. Diese Entwicklung der Urteilsfähigkeit könne die Schule unterstützen, indem sie Anlässe schaffe oder Situationen vorgebe, dass sich die Schüler mit Wertkonflikten auseinandersetzen, in Konfliktsituationen Entscheidungen treffen und solche Entscheidungen begründen.

Die Kritik an Kohlberg konzentrierte sich auf einen entscheidenden Punkt: Die Fähigkeit zum moralischen Diskurs ziehe nicht automatisch die Fähigkeit zum moralischen Handeln nach sich; Einsicht und Handeln seien zweierlei. Deshalb käme es darauf an, die Theorie moral-kognitiver Entwicklung durch eine Theorie der emotionalen Affekte zu ergänzen und daraus die entsprechenden didaktischen Folgerungen zu ziehen. Doch dies spricht nicht grundsätzlich gegen die Dilemma-Methode im Religionsunterricht, weil sie meist zu Beginn einer Unterrichtseinheit eingesetzt wird, um eine bestimmte ethische Problematik aufzureißen, die dann durch weitere Materialien und Reflexionen vertieft wird.

Der Ablauf einer Dilemmadiskussion ist stark strukturiert:

1. Konfrontation (Präsentation des Dilemmas und Klärung des situativen Kontextes)
2. Erste Standortbestimmung (spontane Entscheidung der Schüler/innen)
3. Sammlung von Begründungen in Pro- und Kontra-Kleingruppen, Nummerierung der Argumente nach der Wichtigkeit
4. Präsentation und Diskussion der Gruppenergebnisse im Plenum
5. Überprüfung der Gegenargumente: Welches Argument der Gegenseite scheint noch am ehesten plausibel zu ein?
6. Bericht darüber im Plenum
7. Schlussabstimmung und Reflexion

(Literatur: Lothar Kuld, Bruno Schmid: Lernen aus Widersprüchen. Dilemmageschichten im Religionsunterricht, Donauwörth 2001; Georg Lind: Moral ist lehrbar. Handbuch zur Theorie und Praxis moralischer und demokratischer Bildung, München 2003)

Verlauf:

Wenn man den Film einsetzt, der natürlich viel anschaulicher die Konfliktsituation schildert und die anschließende Dilemmadiskussion gründlicher vorbereitet, als es der Text auf S. 132 vermag, dann wird man bei der Methode der Dilemmadiskussion in der ersten Stunde nur bis zum Punkt „Begründung der Entscheidung" in homogenen Kleingruppen kommen. Der L hat dann immerhin die Möglichkeit, die nummerierten Argumente beider Seiten einzusammeln, sie abzutippen und zu kopieren, um die nächsten Schritte dieser Methode in der nächsten Stunde zu erleichtern.

Als Beispiel seien Ergebnisse aus der Praxis vorgestellt:

Abtreibung: Ja

1. Gruppe:

1. Julia macht sich ihre Zukunft kaputt (kein Abitur, kein Studium).
2. Das Kind hätte keine Familie (kein Kontakt zum Vater).
3. Gesundheitliches Risiko (für sie und das Kind, wegen des jungen Alters)
4. Julia macht ihre Mutter unglücklich (Mutter würde sich doch um das Kind kümmern).
5. Verlust der Jugend
6. Erschwerung der späteren Familiengründung
7. Julia zerstört Erwartungen, die ihre Oma in sie gesetzt hat.

2. Gruppe:

1. Julia ist zu jung.
2. Sie hat keinen Kontakt zum Vater/Erzeuger.
3. Die Schwangerschaft ist noch nicht weit fortgeschritten.
4. Sie hat eine Eiskunstlaufkarriere vor sich.
5. Sie steht vor dem Abitur.
6. Ihre Mutter hat keine Zeit zur Betreuung des Kindes.
7. Sie macht sich selbst und ihre Mutter (Studium) unglücklich.

3. Gruppe:

1. Julia hat keinen Kontakt zum Vater.
2. Sie zerstört die Träume ihrer Mutter.
3. Sie hat zu wenig Geld, um ein Kind zu ernähren.
4. Sie ist zu jung, um ein Kind zu bekommen.
5. Sie muss die Schule abbrechen.
6. Sie hat keine guten Aussichten auf eine Karriere als Eiskunstläuferin.
7. Sie muss ihre Freizeit einschränken, verpasst zwei Jahre ihrer Jugend.

Abtreibung: Nein

1. Gruppe:

1. Abtreibung ist Mord.
2. Jedes Kind hat ein Recht auf Leben.
3. Bei Abtreibung auf ewig Vorwürfe
4. Niemand hat das Recht, „Gott" zu spielen.
5. Kind schenkt Freude, Liebe, Zuneigung
6. Keine Zerstörung von Träumen, Schaffung von neuen
7. Risiko, später keine Kinder mehr bekommen zu können

2. Gruppe:

1. Das Kind soll nicht die Fehler Julias büßen müssen.
2. Gewissensfrage: lebenslange Vorwürfe
3. Abtreibung ist Mord.
4. Jeder Mensch muss Konsequenzen für sein Handeln tragen.
5. Gesundheitsfrage: Fruchtbarkeit
6. Kind ist Gottesgeschenk
7. Gesetz: Abtreibung ist nicht erlaubt, wird nur nicht bestraft.

3. Gruppe:

1. Jedes Kind hat ein Recht auf Leben, auch im Bauch.
2. Abtreibung bleibt Mord.
3. Sobald in einer Frau ein neues Leben heranwächst, gehört ihr Bauch nicht mehr nur ihr.
4. Möglichkeit, das Kind zur Adoption freizugeben
5. Sie ist selbst schuld, dass sie schwanger ist.
6. Der Vater des Kindes muss auch mitreden, die Mutter kann nicht ohne ihn entscheiden.

In der dritten Stunde kann eine Mitarbeiterin einer Schwangerschaftskonfliktberatungsstelle eine Einführung in ihre Arbeit geben und vorbereitete oder spontane Fragen der S beantworten.

Eine andere Möglichkeit bietet das auf den Seiten 134f. abgedruckte Interview mit einer solchen Beraterin.

Die neuesten Fakten über die Zahl der Schwangerschaftsabbrüche in Deutschland lassen sich dem Statistischen Jahrbuch Deutschlands entnehmen. Hervorragend aufbereitete Diagramme bietet die Homepage www.pro-leben.de, die auch weitere Materialien zur Beschäftigung mit diesem Thema enthält, z. B. über

– die Entwicklung des Menschen im Mutterleib
– die gängigsten Abtreibungsmethoden
– die Frage: Wann beginnt das menschliche Leben?
– 24 Argumente zum Thema Abtreibung
– die Rechtslage in verschiedenen Staaten
– Forderungen an die Politik

13. Aids – „die größte Tragödie der Menschheit" (S. 136–137)

Lernziele:

- S sollen anhand eines Fallbeispiels die Dramatik von Aids erkennen.
- S sollen wesentliche Fakten dieser Krankheit (Geschichte, Ansteckungswege, Krankheitssymptome und Verbreitung) kennen.
- S sollen Präventionsmethoden kennen und ethisch beurteilen.

Hinweise für den Unterrichtsverlauf:

Vorbereitung:

Kopien von M 6 und M 7 im Klassensatz; neueste Erhebungen und Informationen über das Internet besorgen

Einführung:

Obwohl im Biologieunterricht der 9. Jgst. (B 9.5) das Thema Aids auch behandelt wird, kann M 6 auf Folie als motivierender Einstieg (sei es als Vorgriff, sei es als Wiederholung) verwendet werden.

Erarbeitung:

S lesen das Fallbeispiel und erklären die darin genannten Ansteckungswege. Mit dem Bild „Aids-krankes Kind in Afrika" wird die Perspektive auf die weltweite, aber besonders im südlichen Afrika grassierende Epidemie ausgeweitet. Entsprechend dem AA 1 von S. 136 diskutieren die S, wie HIV-positive Eltern ihre Sexualität leben sollen, um keine von Geburt an infizierten Kinder zu bekommen.

Der Text auf S. 137 enthält wichtige Informationen zum Thema Aids und kann abschnittsweise gelesen und erschlossen werden. Die wesentlichen Inhalte werden stichwortartig in M 7 eingetragen. Zum Aspekt „Verbreitung" sind jeweils die neuesten Fakten und Trends für Deutschland dem Internet zu entnehmen, z. B. www.bzga.de oder www.wikipedia.de.

IV. Zwischen Öffentlichkeit und Intimität: Freundschaft, Liebe und Sexualität

M 1

Das Reich der Liebe

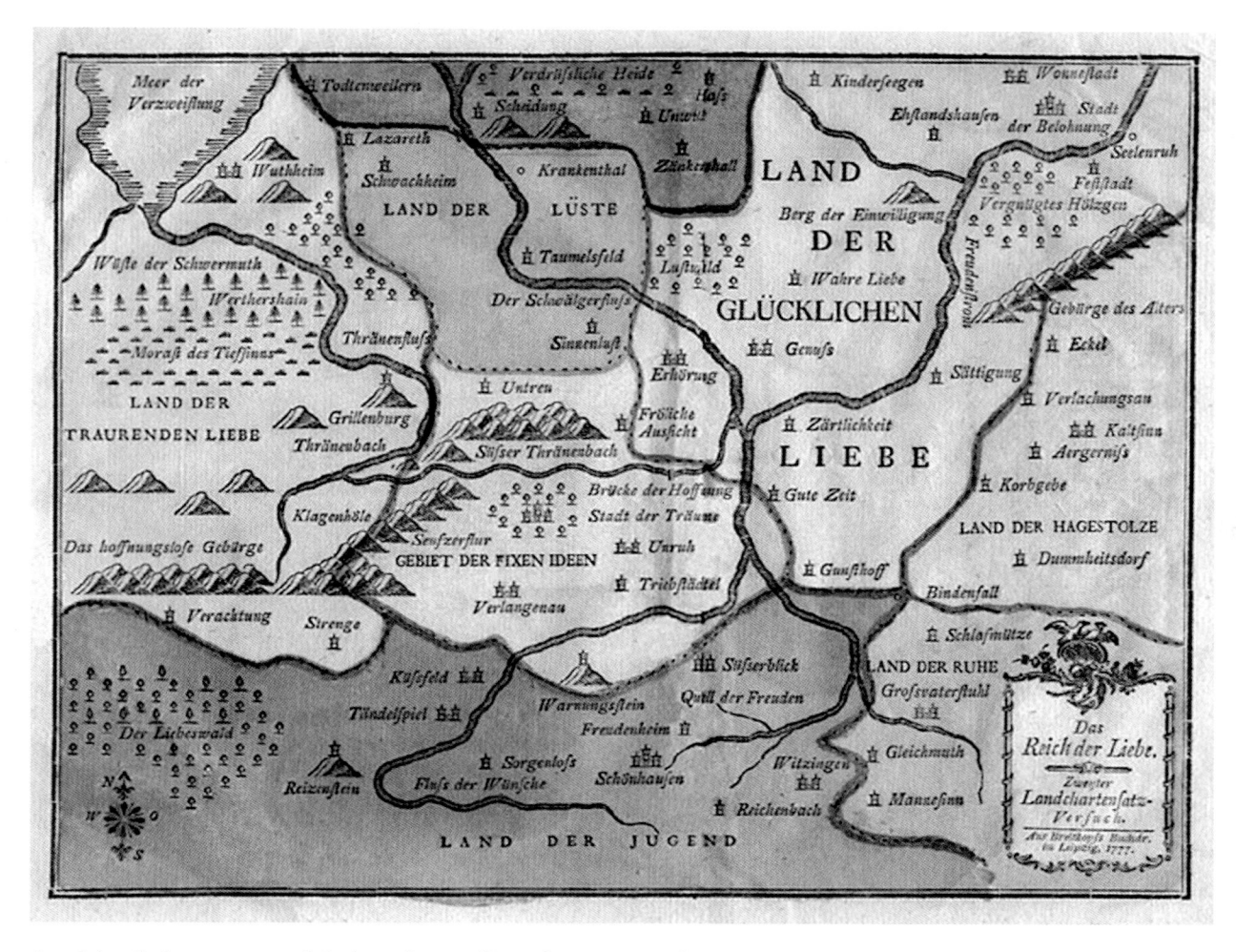

1. Verfolge vom Süden her die Flüsse und Landschaften! Welche Erfahrungen mit der Liebe werden damit bildhaft ausgedrückt?

2. Deute dann die metaphorischen Bezeichnungen für die Ortschaften! (Achtung: Rechtschreibung aus dem Jahr 1777)

Sempé: Konsumenten

M 2

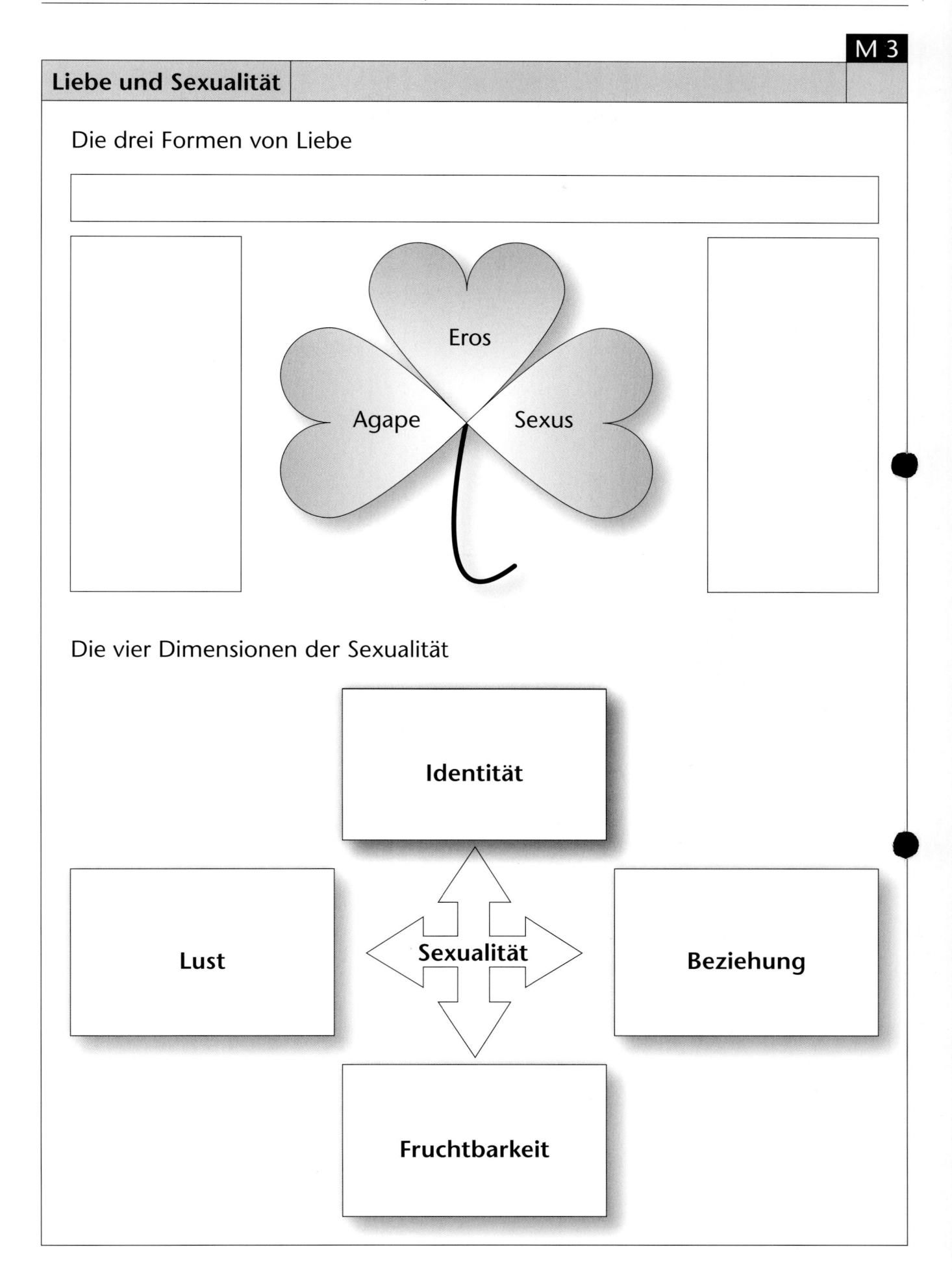

IV. Zwischen Öffentlichkeit und Intimität: Freundschaft, Liebe und Sexualität

Liebe und Sexualität

M 3

Die drei Formen von Liebe

- Eros
- Agape
- Sexus

Die vier Dimensionen der Sexualität

- Identität
- Lust
- Sexualität
- Beziehung
- Fruchtbarkeit

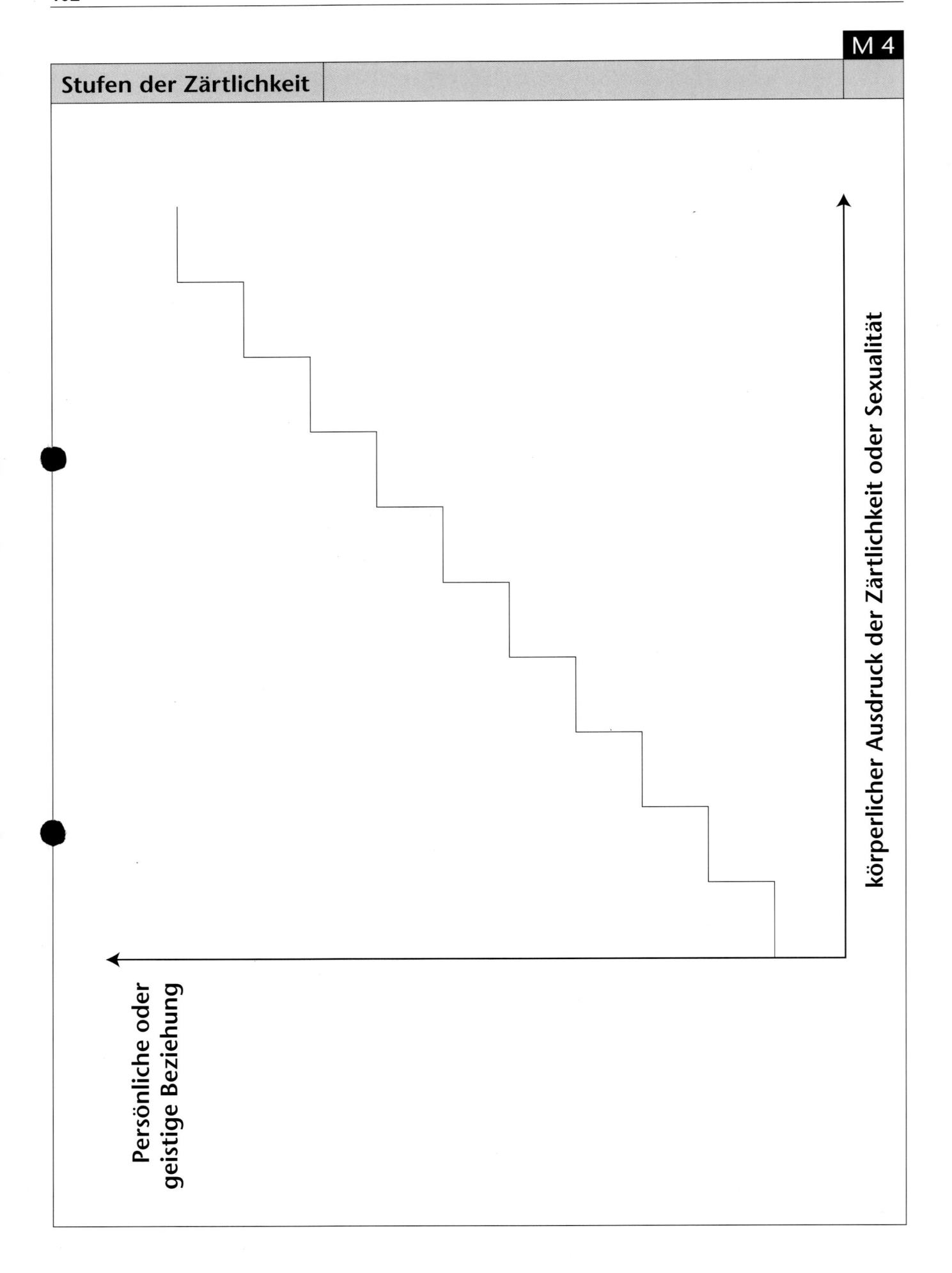

Stufen der Zärtlichkeit

M 4

körperlicher Ausdruck der Zärtlichkeit oder Sexualität

Persönliche oder geistige Beziehung

IV. Zwischen Öffentlichkeit und Intimität: Freundschaft, Liebe und Sexualität

Das Hohelied Salomos

M 5

Symbole	Deutung
Überschrift:	
Apfelbaum	
Waldbäume	
Schatten	
süße Frucht	
Weinhaus	
Zeichen	
Überschrift:	
aufs Land/Dörfer	
Weinberge	
Treiben des Weinstocks	
Rebenblüte	
Granatbäume	
Überschrift:	
Siegel auf Herz/Arm	
Feuergluten, Flammen	
Wasser können nicht löschen	
Ströme können nicht wegschwemmen	
ganzer Reichtum des Hauses	

Aids-Infektion

M 6

Bei welchen Gelegenheiten kann man sich mit dem HI-Virus infizieren?

	nicht riskant	riskant
1. gemeinsame Benutzung von Geschirr		
2. bei der Geburt durch eine HIV-infizierte Mutter		
3. Austausch von Zärtlichkeiten		
4. Benutzung derselben Spritze		
5. in der Sauna		
6. zusammen in einem Bett schlafen		
7. beim Küssen		
8. im Schwimmbad		
9. auf der Toilette		
10. angehustet werden		
11. Blutsbrüderschaft schließen		
12. Ohrlochstechen		
13. Geschlechtsverkehr ohne Kondom		
14. Hände schütteln		

IV. Zwischen Öffentlichkeit und Intimität: Freundschaft, Liebe und Sexualität

M 7

Grundwissen über Aids

Grundwissen über Aids, „die größte Tragödie der Menschheit"

Was heißt „Aids"?	
Was heißt „HIV"?	
Ansteckungswege	
Risikogruppen	
Krankheitssymptome	
Therapie	
Verbreitung	
Schutz	

# V. Schule, Abitur, Beruf – wozu?

1. Bilddoppelseite (S. 140/141)

Lernziele:

- Einblick in die Vielschichtigkeit des Themas
- Erkennen der mit der Berufswahl verbundenen Verantwortung
- Gespür für den möglichen Einfluss religiöser Überzeugungen auf die Berufswahl

Hinweise für den Unterrichtsverlauf:

Die S betrachten die Seite still etwa drei Minuten. Im LSG werden die Bilder besprochen und Fragen thematisiert.

Folgende Aspekte können angesprochen werden:

- Hintergrundbild: Schule
  Schule als Gewohnheit und Last, aber auch als Vorbereitungszeit und Schlüssel zum Beruf
- Friedensreich Hundertwasser: Der große Weg
  Spirale als Lebensweg mit Ziel in der Mitte, helle und dunkle, gerade und krumme Abschnitte
- Greenpeace demonstriert in Jena für eine Verbesserung des Ozongesetzes, Verantwortung für die Umwelt
- Otto Pankok, Christus zerbricht das Gewehr, um 1950, Holzschnitt: Gewaltlosigkeit als vorstellbares Modell?
- in direktem Bezug zur Berufswahl: Gibt es Berufe, die für einen Christen tabu sind (z. B. militärische Laufbahnen)?
- Schüler/Zitat: Suche nach Übereinstimmung mit den Meinungen der S
- Wegkreuzung: Bild für Entscheidungen. Nachdenken über „Kreuzungen" im eigenen Leben – bisher und künftig
- Die Ärztin Ruth Pfau bekämpft Lepra in Pakistan: Beruf als Aufgabe und Berufung
- Allensbacher Berufsprestige-Skala 2005: angesehene und weniger angesehene Berufe im Vergleich zur Meinung der S
- Ideale: Diskussion des Cartoons (Freiheitsstatue, Friedensengel, Brüderlichkeit; Ideale waren noch nie kostenlos zu haben, sie erforderten immer Einsatz)
- Gott erschafft den Menschen: Zärtliche Zuwendung Gottes zum Menschen – hat eine solche Glaubensgewissheit Auswirkungen auf Schule, Abitur, Berufswahl?

2. Die entgegengesetzte Richtung ... die richtige Richtung? (S. 142/143)

Lernziele:

- Kennenlernen von Motiven für einen Abbruch der Schullaufbahn in vergangener Zeit
- Wahrnehmen eigener Motive, die für einen Abbruch der gymnasialen Ausbildung sprechen könnten
- Bereitschaft zum Nachdenken über die eigenen Gründe für einen Verbleib am Gymnasium

Hinweise für den Unterrichtsverlauf:

Einstieg:

S betrachten in Ruhe das Bild „Der große Weg" von Friedensreich Hundertwasser (Buch S. 140). Im LSG werden die Eindrücke (Assoziationen, Gefühle) gesammelt und das Bild gedeutet. Anschließend wird ein Titel für das Bild gesucht und das Bild als Lebensweg gedeutet.

TA	
Die entgegengesetzte ... die richtige Richtung? – Gründe für den Abbruch der Schule	
damals bei Thomas Bernhard	heute bei uns
– verhasstes Gymnasium	...
– hohe Schule des Kleinbürgertums	...
– Gefühl der Nutzlosigkeit	
– hoffnungslose und sinnlose Zeit	
– keine Zukunftsperspektive	
– Überwachung und Kritik	
– nur noch Lern- und Denkmaschine	
– ...	

mögliche Überleitung:

Lebenswege verlaufen nicht immer gerade, sie haben wie im Bild verschiedene helle und dunkle, gerade und krumme Wegstrecken.

Hinführung:

Zunächst werden das Bild von Thomas Bernhard, S. 142, betrachtet und der erste Abschnitt gelesen, um die S auf die Zeit, in der die Erzählung spielt, einzustimmen.

Erarbeitung:

Gemeinsames Erlesen des Textes von Thomas Bernhard auf S. 142 f., anschließend geben die S den Text mit eigenen Worten wieder. AA 1 S. 143 im LSG.

V. Schule, Abitur, Beruf – wozu?

AA 2 S. 143 in PA, S notieren ihre Ergebnisse auf einem Blatt, so dass diese dann bei der Besprechung in das Tafelbild eingehen können.

Vertiefung/Hausaufgabe: AA 3 S. 143

3. Höherer Schulabschluss als Chance – Ein Rollenspiel (S. 144/145)

Lernziele:

- Auseinandersetzung mit der eigenen schulischen Situation
- Reflexion der Vor- und Nachteile des gymnasialen Schulwegs
- Sich-Einfühlen-Können in die Situation anderer

Hinweise für den Unterrichtsverlauf:

Vorbereitung:

Bereitstellen von Plakaten und evtl. Stiften

Einstieg:

S lesen (freiwillig) ihre Briefe vor, die sie in der letzten Stunde bzw. als HA geschrieben haben (Gründe für den Verbleib am Gymnasium).

Überleitung:

Einige S nannten wahrscheinlich die größere Auswahl bei der Berufswahl als einen möglichen Grund für einen Verbleib am Gymnasium. Wenn dies nicht der Fall sein sollte, kann dies im LSG erarbeitet werden und so zum Stundenthema übergeleitet werden.

Erarbeitung:

AA 1 S. 144 in PA. Im anschließenden LSG werden die Ergebnisse gesammelt sowie AA 2 und 3 besprochen. Die S mit ähnlichen Ansichten über ihren Ausbildungsweg bilden nun Kleingruppen, in denen sie Plakate mit Vor- und Nachteilen für ihren gewählten Ausbildungsweg gestalten (AA 1 S. 145).

Vertiefung:

Gemeinsam wird nun der Text auf S. 145 gelesen und besprochen. Anschließend entwerfen die S in PA eine kurze Szene, wie in AA 2 S. 145 beschrieben. Die Szenen werden vorgespielt (AA 3) und diskutiert (AA 4 und 5). Sollte die Zeit für eine Unterrichtsstunde zu knapp sein und die S ausgiebig diskutieren und spielen, kann ein Teil der szenischen Darstellungen auch als Einstieg in die nächste Stunde dienen.

4. Schüler sein – ein Geben ... und Nehmen (S. 146/147)

Lernziele:

- Reflektieren der eigenen Situation als Schüler
- Erkennen, dass Schülersein ein Geben und Nehmen ist
- Sich-Bewusst-Werden des eigenen Umgangs mit der Zeit.

Hinweise für den Unterrichtsverlauf:

Vorbereitung:

Kopien von Bild 1, **M 1** und **M 2** auf Folie; zwei Plakate und ggf. Stifte

Einstieg:

Auflegen der Folie Bild 1, die S betrachten das Bild, der Text auf dem Bild wird vorgelesen. Im Anschluss daran schildern sie, wie sie ihren Arbeitsalltag erleben (AA 1 S. 146).

Erarbeitung 1:

Der Auszug aus dem Lehrplan für das bayerische Gymnasium (S. 146) wird von L vorgelesen, anschließend wird zur Frage übergeleitet, was S „geben" (AA 2). Die Ergebnisse werden auf einem Plakat fixiert.

Gelenk:

Folie mit Tagesplan und Wochenplan

Erarbeitung 2:

Die S füllen in EA entweder einen Tages- oder einen Wochenplan (**M 1** oder **M 2**) aus und kennzeichnen Zeiten für Unterricht, Hausaufgaben und Lernen sowie Zeiten für Aktivitäten und Freizeit mit unterschiedlichen Farben (AA 3 und 4 S. 146), anschließend werden die Pläne verglichen und diskutiert (AA 5 und 6).

Gelenk:

Mit dem Hinweis, dass zum Geben meist auch ein Nehmen gehört, leitet L zum nächsten Unterrichtsschritt über. Dabei wird im LSG besprochen, ob und was die S „nehmen".

Erarbeitung 3:

Gemeinsam wird nun der Text im Buch S. 147 gelesen und im Anschluss daran gesammelt, was die S während ihrer Schulzeit neben Bildung und Wissen noch „nehmen". Die Aussagen werden ebenfalls auf einem Plakat fixiert, das dem ersten Plakat gegenüber gestellt werden kann.

Vertiefung/Hausaufgabe:

Als Vertiefung bzw. Hausaufgabe wählen die S einen der AA von S. 147 und recherchieren bzw. schreiben ihre Geschichte bis zur nächsten Stunde.

5. Nebenberuf Jobben ... Methode Interview (S. 148/149)

Lernziele:

– Kennenlernen und Reflexion unterschiedlicher Gründe für die Annahme eines Nebenjobs
– Vertiefte Sicherheit bei der Vorbereitung und Durchführung eines Interviews

Hinweise für den Unterrichtsverlauf:

Einstieg:

Einstieg können die in der letzten Stunde bzw. als Hausaufgabe angefertigten Geschichten oder Recherche-Ergebnisse dienen. Diese werden vorgestellt und besprochen.

Überleitung:

Von den Finanzen, die die Rahmenbedingungen für Schule garantieren, kann nun zur finanziellen Situation der S übergeleitet werden. Manche S haben hierzu vielleicht schon eigene Erfahrungen gemacht und sollen hier zu Wort kommen.

Erarbeitung:

Die unterschiedlichen Meinungen auf S. 148 unten werden gelesen und im LSG bewertet. Danach werden die oben stehenden Absätze gelesen und diskutiert.

Überleitung:

Um sich eine Meinung bilden zu können, reicht es nicht, Gehörtes nachzuerzählen, man muss mit Menschen sprechen, die sich auskennen. Hierzu dient die Form des Interviews.

Vertiefung/Hausaufgabe:

Die S erhalten den Auftrag, in Kleingruppen ein Interview vorzubereiten und die Ergebnisse in einer der nächsten Stunden vor der ganzen Klasse zu präsentieren. Hilfen zu Vorbereitung, Durchführung und Präsentation finden sich auf S. 149 (vgl. AA1 und AA2 S. 148).

6. Das Ansehen verschiedener Berufe – damals und heute (S. 150/151)

Lernziele:

– Wahrnehmung des unterschiedlichen Ansehens verschiedener Berufsgruppen
– Kennenlernen einer antiken Bewertung verschiedener Berufsgruppen
– Herausfinden der Ursachen für das unterschiedliche Ansehen verschiedener Berufe

Hinweise für den Unterrichtsverlauf:

Vorbereitung:

Kopien von M 3 und M 4 auf Folie, Kopien von M 5 im Klassensatz und auf Folie; Plakat und ggf. Stifte

Einstieg:

Zu Beginn der Stunde füllen die S M 5 mit einer Umfrage zum Ansehen von Berufen aus. Sie kreuzen die fünf Berufe an, vor denen sie am meisten Achtung haben. Im LSG werden die Ergebnisse abgefragt und auf der Folie (M 5) mittels Strichliste fixiert.

Überleitung:

Mithilfe von M 3 (Cicero) leitet L zum ersten Teil der Stunde über, in dem es um das Ansehen verschiedener Berufe im alten Rom geht: Die S betrachten das Bild und stellen Bezüge zur Antike und evtl. auch – je nach Vorwissen – zur Person her. In einem weiteren Schritt stellen sie Vermutungen darüber an, welche Berufsgruppen damals wohl sehr bzw. weniger angesehen waren.

Erarbeitung 1:

Gemeinsam wird auf S. 150 der Text von Cicero gelesen und AA 1 im LSG bearbeitet. Die Rangordnung, in die Cicero die Berufe einteilt, wird an der Tafel und im Heft festgehalten (vgl. AA 2 (1)).

Gelenk:

Die Folie M 4 mit der Allensbacher Berufsprestige-Skala 2005 leitet zum Ansehen verschiedener Berufsgruppen in unserer Zeit über.

Erarbeitung 2:

Im LV wird die Information im Buch S. 151 vorgelesen. Anschließend wird das Ergebnis der Allensbacher Umfrage besprochen und mit den Antworten der S, die auf Folie vorliegen, verglichen. In einem weiteren Schritt werden auch die Ansichten Ciceros in die Überlegungen mit einbezogen. Darüber hinaus wird geklärt, worin die Ursachen für die unterschiedliche Bewertung bzw. für die gleiche Bewertung, wie z.B. beim Arzt liegen (vgl. AA 2 (2 und 3) und AA 3, S. 150).

V. Schule, Abitur, Beruf – wozu?

Vertiefung:

Die S bilden Kleingruppen und bearbeiten AA 2 S. 151. Die Ergebnisse werden auf einem Plakat festgehalten.

Vorbereitende Hausaufgabe:

Zwei S nehmen das „Gespräch im Taxi" (S. 152 f.) auf CD auf.

7. Beruf und Religion: Spannungsfelder zwischen Berufsausübung und christlicher Ethik (S. 152/153)

Lernziele:

- Wahrnehmung der möglichen Spannungsfelder zwischen Berufsausübung und christlicher Ethik
- Übertragung dieser Spannung auf den Bereich Börse
- Reflektieren der eigenen Position
- Bereitschaft zum Nachdenken über (die eigenen) Ideale, Werte und Maßstäbe

Hinweise für den Unterrichtsverlauf:

Vorbereitung:

Kopien von Bild 2 und Bild 3 auf Folie, ggf. CD-Player

Einstieg:

Die S betrachten zu Beginn der Stunde die Folie Bild 2 („Ideale"). Im LSG werden die „Ideale", die im Schaufenster zu sehen sind, besprochen (Freiheitsstatue, Friedensengel, Brüderlichkeit). Darüber hinaus kann der Frage nachgegangen werden, ob es Ideale jemals „kostenlos" gegeben hat oder ob zu ihrer Verwirklichung schon immer ein Einsatz notwendig war. Außerdem können der vorbeigehende Mann und der andere Mensch im Hintergrund thematisiert werden.

Überleitung:

Im Anschluss daran überlegen die S, was einen guten Menschen kennzeichnet (vgl. AA 1 S. 153). Die Ergebnisse werden an der Tafel festgehalten (und gegebenenfalls später ergänzt).

Erarbeitung 1:

L spielt nun das „Gespräch im Taxi" (vorbereitende HA) vor. Alternativ lesen die S den Text im Buch mit verteilten Rollen. Danach werden AA 2 und 3 S. 153 im LSG besprochen und die nächsten beiden Absätze im Buch S. 153 gelesen.

Gelenk:

Mit Hilfe der Folie Bild 3 (Frankfurter Börse) wird zum Spannungsfeld Börse übergeleitet. Die S tragen ihr Vorwissen zum Aktienhandel zusammen und werden in diesem Zusammenhang sicher auf die (immer noch aktuelle?) Finanzmarktkrise zu sprechen kommen.

Erarbeitung 2:

Gemeinsam werden nun im Buch S. 153 die Abschnitte zum Spannungsfeld Börse gelesen und jeweils besprochen. Im Anschluss daran wird AA 4 S. 153 diskutiert.

Vertiefung/Hausaufgabe:

In Kleingruppen bzw. als Hausaufgabe bearbeiten die S AA 5 S. 153.

8. Wirtschaftsethik – Reflexion über moralische Aspekte wirtschaftlichen Handelns (S. 154/155)

Lernziele:

- Wahrnehmung unterschiedlicher Lösungswege für den Konflikt zwischen Beruf und Moral
- Kennenlernen des Zwischenwegs Wirtschaftsethik
- Reflektieren der eigenen Ansicht

Hinweise für den Unterrichtsverlauf:

Vorbereitung:

Kopie von **M 6** für L, Kopien von Bild 4 und Bild 5 auf Folie

Einstieg:

L trägt die Kurzgeschichte „Entscheide selbst!" (**M 6**) vor. Die Geschichte knüpft an die vorangegangene Stunde an und greift das Dilemma auf, in dem Lars steckt – kurzes LSG.

Alternativ bzw. ergänzend werden im Rückgriff auf die letzte Stunde die Ansätze einer Ethik für Kleinaktionäre, die die S in der vorangegangenen Stunde bzw. als Hausaufgabe entwickelt haben, besprochen.

Überleitung:

L leitet zum Stundenthema über und stellt die Frage in den Raum, ob das Christentum Hinweise gibt, wie man sich in Lars' Situation verhalten soll. Als Hilfe und Anregung kann hier die Folie Bild 4 („Christus zerbricht das Gewehr") dienen.

Erarbeitung 1:

Gemeinsames Erlesen des „ersten Wegs" auf S. 154. Anschließend werden AA 1 und 2 bearbeitet und die Ergebnisse an der Tafel festgehalten.

TA Moralische Aspekte wirtschaftlichen Handelns?		
Erster Weg: *Das Modell der weißen Weste*	*Ein Zwischenweg:* *Wirtschaftsethik*	*Zweiter Weg:* *Das Modell der „schmutzigen Hände"*
Jesu Forderung nach Gewaltlosigkeit → frühe Kirche: Berufsverbot z. B. für Militärdienst (teilweise), für Geldverleih	Versuch, ethische Grundsätze und wirtschaftliche Interessen in Einklang zu bringen, z. B. – Ziel: das Wohl aller – soziale Marktwirtschaft – fairer Wettbewerb – …	Martin Luther: „zwei Reiche" → Reich Christi: Mensch ist an Ethik der Bergpredigt gebunden → Reich der Welt: Mensch ist Zwängen des Berufs unterworfen

Gelenk:

Ein Bild von Martin Luther auf Folie (Bild 5) leitet über zum „zweiten Weg". Die S haben Gelegenheit, ihr Wissen aus dem letzten Jahr aufzufrischen, und können so einen Bezug zu einem bekannten Vertreter dieses Weges herstellen.

Erarbeitung 2:

Im Buch wird nun auf S. 154 der „zweite Weg" gelesen. Anschließend werden AA 3 und 4 besprochen und die Ergebnisse an der Tafel fixiert.

Gelenk:

L leitet über zu einem dritten Weg, einem Zwischenweg.

Erarbeitung:

Gemeinsam wird nun im Buch S. 154 f. der Abschnitt „Ein Zwischenweg" gelesen, besprochen und an der Tafel festgehalten. Dabei wird die Definition von Sozialer Marktwirtschaft in der Info-Box hilfreich sein. Danach werden die AA 1 und 2 auf S. 155 bearbeitet.

Vertiefung:

Als Vertiefung dient der Absatz „Zum Nachdenken und Urteilen" auf S. 155. L trägt die Geschichte vor, bespricht sie mit den S und kann den Bogen zum Beginn der Stunde schließen.

Hausaufgabe:

Als Hausaufgabe kann AA 4 auf S. 155 zum G 8-Gipfel dienen. Auch hier wird die Definition in der Info-Box hilfreich sein.

9. Aspekte der katholischen Soziallehre (S. 156/157)

Lernziele:

– Kennenlernen der Grundzüge der katholischen Soziallehre
– Anwenden einzelner Grundzüge der katholischen Soziallehre auf konkrete Beispiele
– Ansatzweise Reflexion der Tragweite der katholischen Soziallehre

Hinweise für den Unterrichtsverlauf:

Vorbereitung:

Kopien von **M 7** im Klassensatz und auf Folie, von Bild 6 auf Folie; Bereitstellung eines Lexikons.

Einstieg:

Besprechung der HA, die S berichten, was sie über die Beschlüsse des letzten G 8-Gipfels im Hinblick auf eine christlich orientierte Wirtschaftsethik herausgefunden haben. Gemeinsam werden diese Ergebnisse diskutiert.

Hier bietet sich eine Wiederholung der Inhalte der vergangenen Stunde an.

Überleitung:

Im Anschluss an das Stichwort „Soziale Marktwirtschaft" kann zur katholischen Soziallehre übergeleitet werden. L erklärt kurz (vgl. Info-Box auf S. 156), was man unter katholischer Soziallehre versteht.

Erarbeitung:

Gemeinsames Erlesen des ersten Absatzes S. 156 und Betrachten der Grafik, im anschließenden LSG können die Inhalte gesichert werden. Sinnvoll ist die Klärung der Begriffe „Subsidiarität" und „Solidarität" mithilfe des Lexikons (vgl. AA 1 auf S. 156) und das Besprechen von AA 2 und 3 auf S. 156. Die Ergebnisse werden auf dem AB/auf Folie (**M 7**) festgehalten (vgl. **M 7** Lösungsblatt).

V. Schule, Abitur, Beruf – wozu?

Im Anschluss daran wird die Klasse in Gruppen eingeteilt, die in GA die Anwendungsbeispiele „Ausbildungsplätze", „Soziales Engagement" und „Arbeit und Beruf" lesen und die zugehörigen AA bearbeiten. Die Ergebnisse aus der GA werden danach im Plenum vorgestellt.

Vertiefung:

S betrachten die Karikatur Bild 6 auf Folie. Nach dem Sammeln der ersten Eindrücke werden die AA 5 bis 7 S. 157 besprochen.

10. Beruf und Berufung: Die eigenen Stärken entdecken (S. 158/159)

Lernziele:

- Kennenlernen verschiedener Antworten auf die Frage „Was soll ich bloß werden?"
- Wahrnehmen der eigenen Eigenschaften und Fähigkeiten.
- Aufgeschlossenheit gegenüber den Unterschieden von Selbst- und Fremdbild.

Hinweise für den Unterrichtsverlauf:

Vorbereitung:

Kopien von M 8, M 9 und Bild 7, 8 im Klassensatz bzw. auf Folie; CD-Player, Meditationsmusik

Einstieg/Erarbeitung:

Zu Beginn der Stunde betrachten die S eine Folie mit Bildern von S. 158 (M 9); alternativ ist auch die Betrachtung im Buch möglich). Zunächst wird nur das erste Bild eines Neuntklässlers mit der Frage: „Was soll ich bloß werden?" gezeigt. Im nächsten Schritt werden die Bilder und Antworten von Pindar, der Psychologin und der Religionslehrerin gezeigt. Im LSG werden die Antworten thematisiert und der AA auf S. 158 besprochen.

Gelenk:

Die Folie mit dem Bild auf S. 159 (Bild 7) leitet zum nächsten Unterrichtsschritt über: Die S betrachten in Ruhe das Bild. Im LSG wird das Bild erschlossen und die Frage nach einer sichtbaren und einer unsichtbaren Gesichtshälfte zunächst allgemein thematisiert.

Überleitung:

Im Anschluss daran wird der erste Abschnitt im Buch auf S. 159 gelesen und die Grafik betrachtet und besprochen.

Erarbeitung:

Die S erhalten nun M 8. Gemeinsam werden weitere Eigenschaften und Fähigkeiten in der Tabelle ergänzt (AA 1 S. 159). Danach wird bei Untermalung mit ruhiger Musik das AB in EA ausgefüllt (AA 2) und AA 3 bearbeitet. Die S vergleichen die Ergebnisse, wenn nötig besprechen sie die wichtigsten Unterschiede mit ihrem Freund/ihrer Freundin und suchen nach der Ursache für die unterschiedliche Bewertung (AA 4 und 5).

Vertiefung:

Als Abschluss dieser Unterrichtsphase sollen die S noch einmal Gelegenheit bekommen, über ihre eigenen Stärken nachzudenken (AA 6). Hierzu kann noch einmal die Folie Bild 7 gezeigt werden, so dass die S darüber nachdenken können, was ihre eigene sichtbare und unsichtbare Gesichtshälfte sein könnte. Nach einer Zeit der Stille trägt der L den Ausschnitt aus Psalm 139 auf S. 158 vor und wechselt von Bild 7 auf Bild 8.

11. Eine Mutmacher-Geschichte – Mut zu Visionen (S. 160/161)

Lernziele:

- Auseinandersetzung mit dem Gleichnis vom anvertrauten Geld
- Kennenlernen von Menschen, die ihre Visionen umsetzen
- Bereitschaft zum Nachdenken über eigene Fähigkeiten und Visionen

Hinweise für den Unterrichtsverlauf:

Vorbereitung:

Plakate, ggf. Stifte; evtl. Kopie von M 10 (Gebet)

Einstieg:

Die S werden aufgefordert, noch einmal in Ruhe über ihre besonderen Fähigkeiten nachzudenken. Für manche S kann es hilfreich sein, den Satz „Besonders gut kann ich …" an der Nebentafel festzuhalten, so dass sie ihn in Gedanken ergänzen können. Eventuell kann das AB der letzten Stunde zu Hilfe genommen werden.

Überleitung:

Im Anschluss daran leitet L zum Gleichnis vom anvertrauten Geld über.

Vor der Beschäftigung mit dem Gleichnis wird es sinnvoll sein, den Begriff „Talent" zu klären.

Erarbeitung 1:

Zunächst wird das Gleichnis auf S. 160 gelesen und der Verlauf der Erzählung an der Tafel festgehalten. Danach bearbeiten die S AA 1 und 2 auf S. 160 in EA und halten ihre Gedanken auf einem Notizblatt fest. Nachdem die Überlegungen der S im LSG besprochen wurden, be-

TA Das Gleichnis vom anvertrauten Geld – eine Mutmacher-Geschichte?

Herr vergibt Geld nach Fähigkeiten

1. Knecht:	2. Knecht:	3. Knecht:
5 Talente	2 Talente	1 Talent
wirtschaftet, ist mutig, verdoppelt das Geld	wirtschaftet, ist mutig, obwohl er wenig hat, verdoppelt das Geld	vergräbt das Geld, ist ängstlich, kein Gewinn
→ 10 Talente	→ 4 Talente	→ 1 Talent

Aufgabe für uns: Fähigkeiten nutzen!

Denn:

Gott gibt keinem alles, aber keinem gibt er nichts!

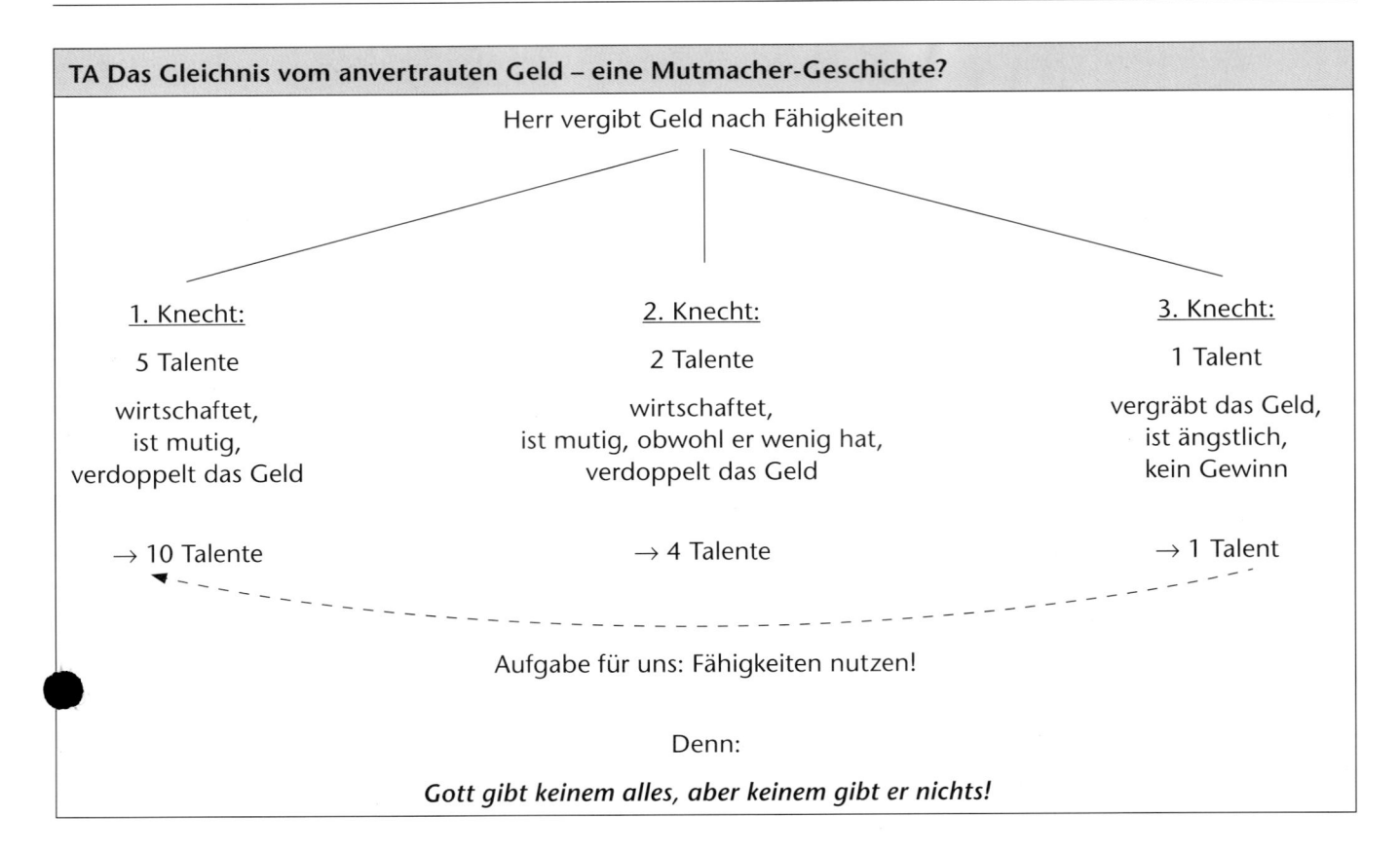

arbeiten sie in PA die AA 3 und 4 auf S. 160. Während der anschließenden Besprechung im LSG wird der TA ergänzt.

Gelenk:

L: „Es gibt viele Beispiele von Menschen, die auf ihre Fähigkeiten vertraut und ihre Visionen verwirklicht haben. Auf S. 161 finden sich einige Beispiele." Diese werden gemeinsam betrachtet und besprochen.

Erarbeitung 2:

In GA bearbeiten die S die AA 1 und 2 auf S. 161. Die Ergebnisse werden auf Plakaten festgehalten und vor der ganzen Klasse präsentiert.

Abrundung:

Als Abrundung der Unterrichtsstunde kann das afrikanische Sprichwort dienen: „Viele kleine Leute an vielen kleinen Orten, die viele kleine Schritte tun, können das Gesicht der Welt verändern." Alternativ kann vom L ein Gebet gesprochen werden, z. B. M 10.

Hausaufgabe:

Mitbringen von Zeitschriften zum Erstellen einer Collage in der nächsten Stunde.

12. Was zählt im Leben? Kriterien für Berufswahl und Berufsausübung: Denkanstöße (S. 162/163)

Lernziele:

– Kennenlernen verschiedener Einflussfaktoren bei der Berufsorientierung
– Erstellen einer persönlichen Rangliste für Kriterien bei der Berufswahl
– Bereitschaft zum Nachdenken über den Stellenwert des Geldes im eigenen Leben

Hinweise für den Unterrichtsverlauf:

Vorbereitung:

Kopien von M 11 im Klassensatz, Bild 9 und 10 auf Folie (Farbvorlage jeweils auf CD-ROM); Plakate, ggf. Stifte

Einstieg:

Zu Beginn trägt L die Geschichte „So möchte ich werden" (S. 162) vor. Im Anschluss daran wird die Geschichte mit Hilfe der AA 1 und 2, S. 162, erschlossen.

Überleitung:

Mithilfe von Bild 10 leitet L zu den Einflussfaktoren bei der Berufsorientierung über. Sicher nennen die S einige der Gesichtspunkte von sich aus, andere können ergänzt werden.

V. Schule, Abitur, Beruf – wozu?

Erarbeitung 1:

Anschließend werden auf S. 162 die Fragen gelesen, denen man sich bei der Berufswahl stellen muss. Die S bearbeiten mithilfe von M 11 AA 3 S. 162. Im LSG werden dann auf freiwilliger Basis Ansichten der S gesammelt, verglichen und diskutiert.

Gelenk:

L leitet – je nachdem, was im vorangegangenen Schritt von den S als sehr bzw. weniger wichtig für die Berufswahl thematisiert wurde – zum Stellenwert des Geldes über.

Erarbeitung 2:

Gemeinsam wird der Text „Vom Stellenwert des Geldes" auf S. 163 gelesen und besprochen. Danach wird in Kleingruppen AA 1 S. 163 bearbeitet. Bei der Gestaltung der Plakate können die S ihre mitgebrachten Zeitschriften verwenden.

Nach der Präsentation der Ergebnisse werden im LSG AA 2, 3 und 4 besprochen.

Vertiefung:

Mithilfe der Folie Bild 9 (Rose und Mt 6,21) wird die Stunde abgerundet.

13. Berufswahl und Berufsausübung: Denkanstöße aus dem Glauben
(S. 164/165)

Lernziele:

- Bereitschaft zum Nachdenken über die Möglichkeiten, anders zu leben
- Vertiefte Auseinandersetzung mit der Frage nach Aufrichtigkeit und Authentizität
- Formulieren einer eigenen Vorstellung, wie das Leben aussehen soll

Hinweise für den Unterrichtsverlauf:

Vorbereitung:

Kopien von Bild 11 und Bild 12 auf Folie; CD-Player, Meditationsmusik

Einstieg:

L legt Folie Bild 11 auf. Die S betrachten das Bild zunächst in Ruhe, ehe L den Text „Aussteigen" von S. 164 vorträgt.

Erarbeitung 1:

Nach einem kurzen LSG schlagen die S Buch S. 164 auf und bearbeiten dort AA 1. Im anschließenden LSG werden verschiedene Lösungsvorschläge vorgetragen und – falls nötig – besprochen.

Gelenk:

Die Folie Bild 12 leitet zum nächsten Unterrichtsschritt über. Anhand des Bildes thematisieren die S Punkte wie Identität, Einmaligkeit, Individualität und Eigenständigkeit, so dass L dann zum Stichwort Authentizität überleiten kann (vgl. AA 1 S. 165).

Erarbeitung 2:

Gemeinsam werden die Texte auf S. 165 gelesen und besprochen.

Vertiefung:

Die S sollen nun einen parallelen Text nach dem gleichen Muster wie „Aussteigen", evtl. mit dem Titel „Einsteigen" verfassen (vgl. AA 2 S. 164). Hierbei kann ruhige Musik das Nachdenken erleichtern. Anschließend werden die Texte auf freiwilliger Basis vorgetragen (vgl. AA 3 S. 164).

Hausaufgabe/Ausblick:

Je nach Kreativität der S können die Gedichte so bearbeitet und gestaltet werden (evtl. auch in Zusammenarbeit mit der Fachschaft Kunst), dass eine kleine Präsentation (im Klassenzimmer, im Schulhaus oder in der Schülerzeitung …) daraus entsteht.

14. Methode: Zielscheibe – Meditative Ding-Übung (S. 166/167)

Diese Unterrichtsstunde kann je nach Klassensituation evtl. auch auf zwei Stunden aufgeteilt oder aber auch abgekürzt werden. Dann entfällt das Basteln des Glücksbaums, und die AA auf S. 167 werden in EA bearbeitet und im LSG besprochen.

Lernziele:

- Bereitschaft zum Nachdenken über die eigenen Ziele, Wünsche, Interessen
- Reflexion der persönlichen „Rangordnung" von Zielen, Wünschen und Interessen
- Nachdenken über „Glück", das man schenkt oder das einem geschenkt wird

Hinweise für den Unterrichtsverlauf:

Vorbereitung:

Kopien von Bild 13 und 15 im Klassensatz und auf Folie sowie von Bild 14 auf Folie; CD-Player, Meditationsmusik

Für den „Glücksbaum": Vase, Zweige, kleine Blätter aus Karton, dünne Schnüre

Einstieg:

Zu Beginn betrachten die S eine Zielscheibe (Folie Bild 13). Im anschließenden LSG können zunächst Aspekte aus der Lebenswelt der S wie z. B. Darts aufgegriffen und evtl. ergänzt und verallgemeinert werden (Ziel, Kreise, Punkte …).

Überleitung:

In einem weiteren Schritt kann das Bild der Zielscheibe – evtl. im Rückgriff auf die letzte Stunde – auf die Ziele, Wünsche und Interessen der S übertragen werden.

Erarbeitung 1:

Gemeinsam wird nun der Text S. 166 einschließlich des weiß unterlegten Kastens gelesen. Die S erhalten Bild 15 und bearbeiten bei ruhiger Musik die AA (Buch S. 166).

Gelenk:

Als Überleitung zum nächsten Unterrichtsschritt betrachten die S Bild 13 auf Folie oder das Bild auf S. 167. L trägt dazu die Gedanken S. 167 (links unten) vor.

Erarbeitung 2:

Im Anschluss daran kann, wie auf S. 167 beschrieben, ein „Glücksbaum" angefertigt werden.

Vertiefung:

Als Abrundung kann – je nach Zeit – noch das Zitat von Papst Leo XIII. (S. 167 rechts unten) besprochen werden.

15. Realisierbarkeit christlicher Grundanliegen in der Berufswelt? (S. 168/169)

Lernziele:

- Bereitschaft zum Nachdenken über die Realisierbarkeit christlicher Grundanliegen im Beruf
- Auseinandersetzung mit einer konkreten Dilemmasituation
- Wiederholung christlicher Grundanliegen für die Berufswelt

Hinweise für den Unterrichtsverlauf:

Vorbereitung:

Die Goldene Regel auf Folie kopieren; Plakate, ggf. Stifte

Einstieg:

Als Einstieg wird den S Mt 7,12 auf Folie präsentiert. Im anschließenden LSG wird das Zitat eingeordnet und besprochen.

Überleitung:

L leitet nun zum nächsten Unterrichtsschritt über, indem er die Frage in den Raum stellt, ob die Goldene Regel auch in der Berufswelt gilt.

Erarbeitung:

Die Klasse wird in vier Kleingruppen eingeteilt und jede Gruppe bearbeitet einen der Abschnitte aus „Aller Anfang ist leicht" (S. 168f.: 1. Aufrichtig sein … 2. Auf einen Teil des Einkommens verzichten … 3. Seine Meinung sagen … 4. Seine Karriere vorantreiben …) einschließlich der dazugehörigen AA. Jede Gruppe hält ihre Ergebnisse auf einem Plakat fest. Im anschließenden Plenum werden die bearbeiteten Dilemmasituationen und die Ergebnisse vorgestellt. Danach können im LSG Fragen an die einzelnen Gruppen gestellt werden bzw. einzelne Fälle bei Bedarf diskutiert werden.

Gelenk:

Mit dem Hinweis, dass es uns interessieren würde, wie Menschen in solchen Dilemmasituationen handeln, leitet L zur Vertiefung über, in der mögliche Lösungen zu den Fallbeispielen besprochen werden.

Vertiefung:

Gemeinsam wird auf S. 169 der Abschnitt „Sind christliche Grundanliegen im Berufsleben realisierbar?" gelesen und der zugehörige AA besprochen. Hier bietet sich als Abschluss des Kapitels ein Rückblick über die Unterrichtssequenz an, indem die Ergebnisse der vorangegangenen Unterrichtsstunden mit einbezogen werden.

V. Schule, Abitur, Beruf – wozu?

M 1

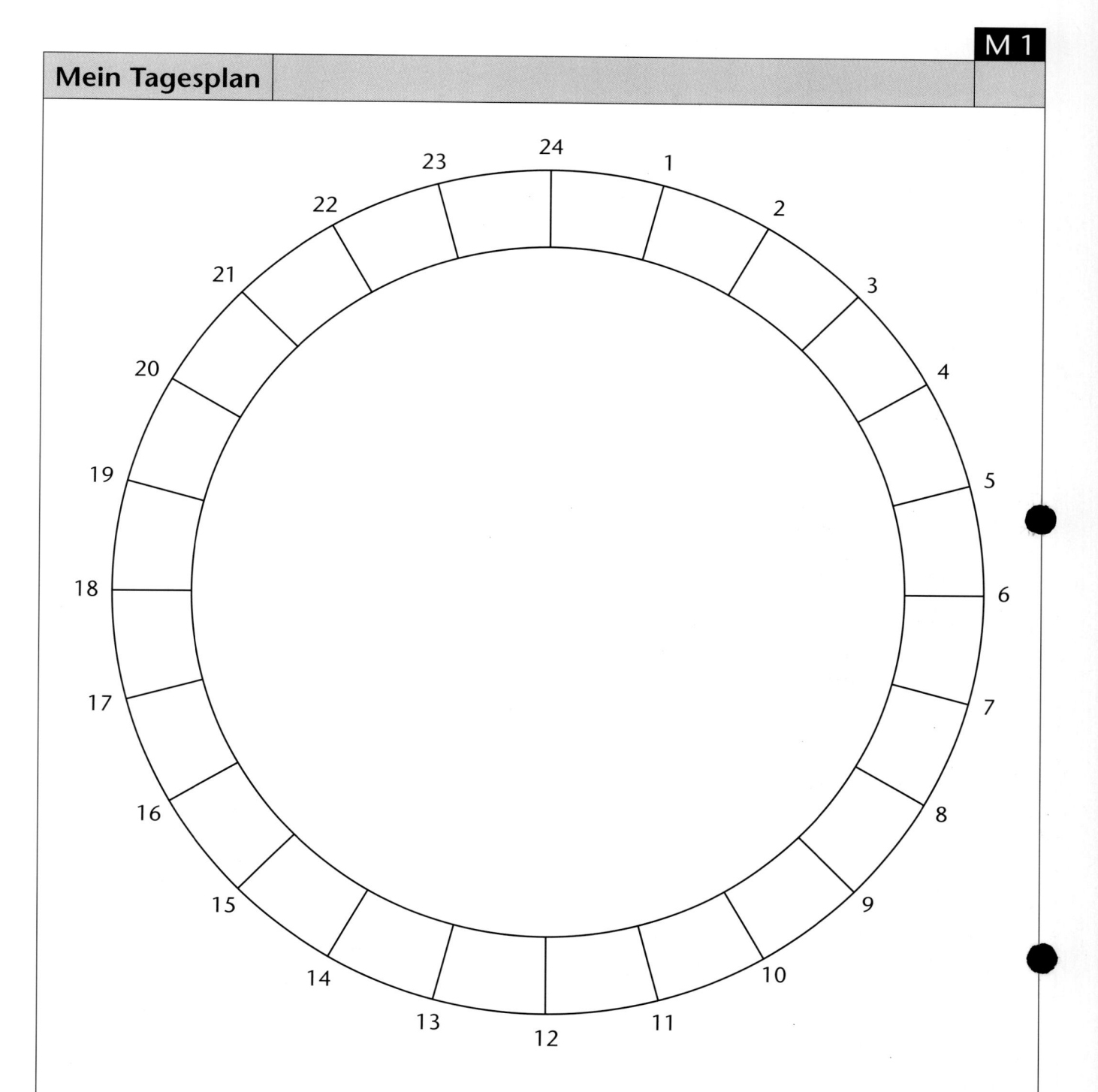

Mein Tagesplan

- Erstelle einen Tagesplan für dich persönlich!
- Kennzeichne dabei die Zeiten für den eigentlichen Unterricht, die Zeit für Hausaufgaben und Lernen, vielleicht auch die Zeit für Nachhilfestunden und zusätzliche Aktivitäten sowie Freizeit mit unterschiedlichen Farben!

M 2

Mein Wochenplan

Zeit	Mo	Di	Mi	Do	Fr	Sa	So
06.00							
07.00							
08.00							
09.00							
10.00							
11.00							
12.00							
13.00							
14.00							
15.00							
16.00							
17.00							
18.00							
19.00							
20.00							
21.00							
22.00							

- Erstelle einen Wochenplan für dich persönlich!
- Kennzeichne dabei die Zeiten für den eigentlichen Unterricht, die Zeit für Hausaufgaben und Lernen, vielleicht auch die Zeit für Nachhilfestunden und zusätzliche Aktivitäten sowie Freizeit mit unterschiedlichen Farben!

V. Schule, Abitur, Beruf – wozu?

Büste von Cicero

M 3

Berufsprestige-Skala 2008

M 4

Die Allensbacher Berufsprestige-Skala 2008

FRAGE: "Hier sind einige Berufe aufgeschrieben. Könnten Sie bitte die fünf davon heraussuchen, die Sie am meisten schätzen, vor denen Sie am meisten Achtung haben?" (*Vorlage einer Liste*)

Bevölkerung *in Prozent*

Beruf	±	%
Arzt	+6	78
Pfarrer, Geistlicher	0	39
Hochschulprofessor	+4	34
Grundschullehrer	+6	33
Unternehmer	+1	31
Rechtsanwalt	-2	27
Ingenieur	+1	27
Botschafter, Diplomat	0	25
Atomphysiker	+3	25
Apotheker	-2	24
Direktor in großer Firma	-1	17
Studienrat	0	14
Journalist	-2	11
Offizier	-1	8
Gewerkschaftsführer	+1	8
Politiker	-2	6
Buchhändler	-2	5

± im Vergleich zur vorhergehenden Umfrage von 2003

QUELLE: Allensbacher Archiv, IfD-Umfragen 7040 (2003) und 10015 (2008)

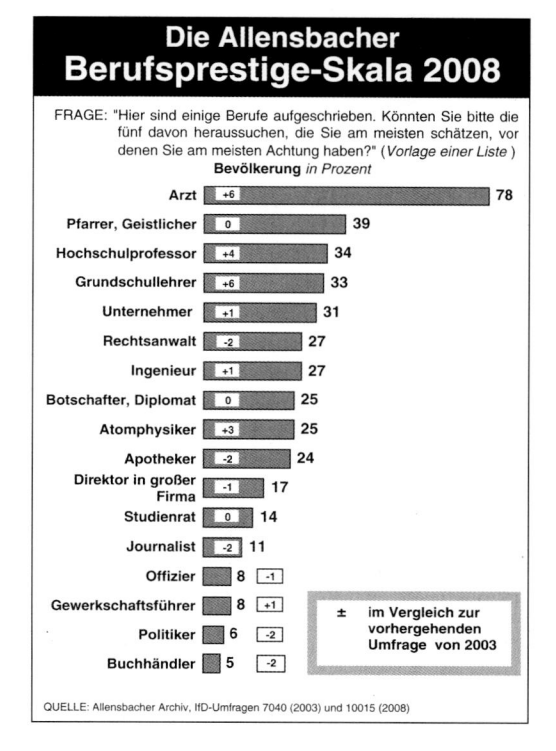

Beliebtheitsskala: Berufe

Kreuze die fünf Berufe an, die du am meisten schätzt, vor denen du am meisten Achtung hast!

- ❏ Apotheker
- ❏ Arzt
- ❏ Atomphysiker
- ❏ Buchhändler
- ❏ Botschafter, Diplomat
- ❏ Fernsehmoderator
- ❏ Gewerkschaftsführer
- ❏ Hochschulprofessor
- ❏ Informatiker, Programmierer
- ❏ Ingenieur
- ❏ Journalist
- ❏ Krankenschwester
- ❏ Lehrer
- ❏ Manager in Großunternehmen
- ❏ Offizier
- ❏ Pfarrer, Geistlicher
- ❏ Politiker
- ❏ Polizist
- ❏ Rechtsanwalt
- ❏ Schriftsteller
- ❏ Spitzensportler
- ❏ Unternehmer

V. Schule, Abitur, Beruf – wozu?

M 6

Entscheide selbst!

Ein Bauer dingte einen Knecht und ließ ihn Holz hacken. Am Vormittag ging der Bauer hinaus, um nachzusehen, wie weit die Arbeit vorgeschritten sei. Zu seinem Erstaunen war der Knecht bereits fertig. Er ließ ihn daraufhin das Holz im Schuppen stapeln, in der Annahme, dass diese Arbeit Stunden in Anspruch nehmen würde. Aber binnen kurzem war sie ebenfalls getan.

Am nächsten Tag wollte der Bauer dem Mann eine leichte Arbeit geben und sagte, er solle die Kartoffeln im Keller auslesen. „Du brauchst nur die guten und die angefaulten Kartoffeln je auf einen Haufen zu lesen und die schlechten wegzuwerfen", sagte er. Eine Stunde später musste er jedoch feststellen, dass so gut wie noch nichts getan war. Er fragte, was das bedeuten solle. „Ach", sagte der Knecht, „mir fällt es so schwer, zwischen gut, angefault und schlecht zu unterscheiden."

(Willi Hoffsümmer: Kurzgeschichten 3)

Aspekte der katholischen Soziallehre

M 7

Personalität

Einzelwesen

Gemeinschaftswesen

Subsidiarität

Solidarität

Gemeinwohl

Aspekte der katholischen Soziallehre

Lösung M 7

Personalität

Der Mensch als Person

Vernunft, freier Wille, Gewissen

Einzelwesen

Individuum: Einmaligkeit, Freiheit

Gemeinschaftswesen

Leben mit anderen, Dialogfähigkeit

Subsidiarität

Hilfe zur Selbsthilfe

z. B. Hilfsorganisationen

Solidarität

„Einer für alle, alle für einen"

Gebot der Nächstenliebe

Gemeinwohl

Pflicht, auf das Wohl

aller Menschen zu achten

Meine Eigenschaften und Fähigkeiten

M 8

Bin ich	5	4	3	2	1
kontaktfreudig					
unsicher					
einfühlsam					
genau					
bedächtig					
…					
…					

- Stellt nach obigem Muster eine Liste von Eigenschaften und Fähigkeiten zusammen!
- Kreuze an, in welchem Grad du über die verschiedenen Eigenschaften verfügst!
  (5 bedeutet: sehr stark ausgeprägt; 1 bedeutet: kaum vorhanden)
- Nimm einen Farbstift und lass dir – ohne Kommentar! – von einem Freund oder einer Freundin aus der Klasse diktieren, in welchem Grad er die verschiedenen Eigenschaften bei dir ausgeprägt sieht!

V. Schule, Abitur, Beruf – wozu?

M 9

Beruf und Berufung

9. Klässler
Was soll ich bloß werden?

Pindar
Werde, der du bist!

Psychologin
Du sollst, …

Religionslehrerin
Du darfst …

Tagesgebet M 10

Gott,
du hast uns verschiedene Gaben geschenkt.
Keinem gabst du alles – keinem gabst du nichts.
Jedem gibst du einen Teil.
Hilf uns, dass wir uns nicht zerstreiten,
sondern einander dienen mit dem,
was du einem jeden zum Nutzen aller gibst.
Darum bitten wir durch Jesus Christus, unseren Herrn.
Amen.

(Messbuch. Tagesgebete zur Auswahl Nr. 14.)

V. Schule, Abitur, Beruf – wozu?

M 11

Fragen bei der Berufswahl

Fragen, denen du dich bei der Berufswahl stellen musst:

	Wie kann ich das, was in mir ist, zur Entfaltung bringen?
	Was will ich mir leisten können?
	Welche Berufe haben meine Eltern? Wie stehen sie dazu?
	Wer bin ich?
	Zu welcher gesellschaftlichen Gruppe will ich gehören?
	Welche Interessen habe ich?
	Welche Voraussetzungen bringe ich von meiner Ausbildung her mit?
	Welchen Tätigkeiten bringe ich viel Respekt entgegen?
	Wie verhält sich das, was ich für mein Ziel einsetzen muss, zu dem, was für mich dabei herausspringt?
	Was ist heute angesichts der wirtschaftlichen Lage möglich?

- Ordne die Fragen nach ihrer Wichtigkeit für dich persönlich!
- Füge dazu in der linken Spalte die Nummern 1 (sehr wichtig) bis 10 (am wenigsten wichtig) ein!

Bildnachweis

a) Buch

S. 34 Gerhard Marcks: Der Prophet
S. 29, 83, 84, 99 Archiv
S. 86 Petersplatz: dpa/ap

b) CD-Rom

I. Exodus, Dekalog und Propheten: Gott schenkt Freiheit und fordert Gerechtigkeit

Moses durchschreitet mit den Kindern Israels das Rote Meer, Illustration aus einem hebräischen Gebetbuch, Anfang 15. Jh.
Michelangelo, Mose, um 1513, San Pietro in Vincoli
Frans Francken, Der Zug der Israeliten durch das Rote Meer, Nationalmuseum Stockholm © akg-images
Ernst Alt, Jude mit Thorarolle, 1975, Rechte beim Künstler

II. Das Judentum: Weltreligion und Wurzel des Christentums

Weg, Foto: E. Frommeld
Sedermahl: Reinhold Then, Das Judentum, Regensburg, 1991
Sigmunda May, Die gekrümmt Frau, Holzschnitt Nr. 65, Kloster Siessen, Bad Saulgau
Claus Wallner, die Steinigung des Stephanus, Glasfenster, Trinitatiskirche, Misburg

IV. Zwischen Öffentlichkeit und Intimität: Freundschaft, Liebe und Sexualität

Das Reich der Liebe, Breitkopf und Härtel, Leipzig 1777
Jean-Jacques Sempé, Konsumenten, Zürich: Diogenes, 1986
Vater und Tochter/Vater und Baby/älteres Ehepaar/Familie: MEV; Kuss, Paar: Fotolia
Edvard Munch, Die Hände, um 1893, Munch Museet, Oslo

V. Schule, Abitur, Beruf – wozu?

Allensbacher Archiv, IfD-Umfagen 7040 und 10015
Karikatur: Ideale, Archiv
Börse, Baum, Rose: MEV
Otto Pankok, Jesus zerbricht das Gewehr, Holzschnitt, um 1950 © Eva Pankok
Lukas Cranach, Martin Luther im Jahr 1523, Archiv
Karikatur: Erik Liebermann, Steingaden
Foto Gesicht, Schüler: Archiv
Gott erschafft den Menschen, Miniaturen aus der Historia scholastica, fol. 13, Biblioetheca Apostolica Vaticana
Foto Wegkreuzung: Mauritius
Fingerabdruck, aus: Friedhard Jesberger, Religionsunterricht als Lebenshilfe? Katholisches Schulbuchkommissariat II in Bayern (Hrsg.), Materialien für den RU an Gymnasien, München 1984, S. 62

Textnachweis

a) Buch

S. 7 Christine Swientek, Das trostlose Leben der Karin P., rororo Frauen aktuell, 1985 S. 9f. und S. 20; zitiert nach dkv Materialbrief Folien 2/02 S. 5f.)

S. 25 Unesco heute online. Ausgabe 1. Januar 2004: Sklaverei – gestern und heute? (www.unesco-heute.de, zit. nach AU 4/2006, S. 36)

S. 26 Hubertus Halbfas, Die Bibel, Düsseldorf: Patmos, 5. Aufl., 2007

S. 27 Ausschnitt aus: Joanne K. Rowling, Harry Potter und der Stein der Weisen, Hamburg: Carlsen, 1. Aufl., 1999
Menschen aller Rassen: Adalbert Ludwig Balling: Unseren täglichen Reis gib uns heute © Freiburg: Herder 1984

S. 30 Jo Hanns Rösler, Üble Nachrede © Kitty Rösler, Feilnbach

S. 35 © Bischof Álvaro Ramazzini, San Marcos, Guatemala; aus: Misereor, Liturgische Bausteine 2008, S. 64
Michel Quoist, ... mit offenem Herzen, ins Dt. übertr. V. Mirjam Prager, Graz, Wien, Köln: Verlag Styria, 1982

S. 46 Dieter Krabbe und Irit Ciubotaru, Wo Gott sich finden läßt. Jüdische Legenden und Geschichten aus dreitausend Jahren, Frieling: Berlin 2001, S. 9

S. 48 Martin Jilesen, Gott erfahren – wie geht das? Psychologie und Praxis der Gottesbegegnung, Freiburg: Herder 2003, S. 22f., 30f.

S. 58 Leo Trepp, Die Juden. Volk, Geschichte, Religion, Reinbek bei Hamburg 1998, S. 58.

S. 60 Börsenverein des Deutschen Buchhandels (Hrsg.): Friedenspreis des Deutschen Buchhandels 1998, Martin Walser. Ansprachen aus Anlaß der Verleihung, Frankfurt/Main 1998, (Auszüge)

S. 77, 79 Ludwig Volk (Hrsg.), Akten Kardinal Michael von Faulhabers, 1917–1945

S. 87 Apostel, Superstar, stummer Prediger, Frankfurter Allgemeine Sonntagszeitung, 3. April 2005, Nr. 13, S. 2

S. 100 Jahrestagung der Society for Neuroscience, New Orleans, 2000, erschienen bei www.netdoctor.de

S. 119 Entscheide selbst, aus: Willi Hoffsümmer, Kurzgeschichten 3, Mainz: Matthias-Grünewald 1992, S. 35

b) CD (Texte)

I. Exodus, Dekalog und Propheten: Gott schenkt Freiheit und fordert Gerechtigkeit

Mit Sack und Pack: in: Hilger/Reil, Bilder der Kunst für den Religionsunterricht, München 2000, zitiert nach: dkv-Materialbrief Folien 2/02, S. 11 f.

Über die Geburt der großen Männer, in: Eleonore Beck, Gottes Sohn kam in die Welt. Sachbuch mit den Weihnachtstexten, Stuttgart: Verlag Kath. Bibelwerk, 4. Auflage, 1988, S. 43 f.

Der soziale und religiöse Druck des pharaonischen Staatsapparates, in: Erich Zenger, Der Gott der Bibel, Stuttgart: Verlag Kath. Bibelwerk, 1986, S. 89–97 (in Auszügen)

Schöpfungslied der Babylonier, zitiert nach: Religion am Gymnasium 8, Kösel: München, 1980, S. 12

Martin von Tours … und der Bettler heute, zitiert nach: dkv-Materialien 3/02, S. 5 f.

Brief eines Teenagers an die Mutter, aus: basis, Heft 1/2, 1977, Patris Verlag, Vallendar, S. 25

II. Das Judentum: Weltreligion und Wurzel des Christentums

Dieter Krabbe und Irit Ciubotaru, Wo Gott sich finden läßt. Jüdische Legenden und Geschichten aus dreitausend Jahren, Frieling Verlag: Berlin 2001, S. 9

Martin Jilesen, Gott erfahren – wie geht das? Psychologie und Praxis der Gottesbegegnung, Freiburg 2003, S. 22 f., 30 f.

Leo Trepp, Die Juden. Volk, Geschichte, Religion, Reinbek bei Hamburg 1998, S. 58.

Börsenverein des Deutschen Buchhandels (Hrsg.): Friedenspreis des Deutschen Buchhandels 1998, Martin Walser. Ansprachen aus Anlaß der Verleihung, Frankfurt/Main 1998, (Auszüge)

Dabru Emet: nach K. Hannah Holtschneider, Dabru Emet und jüdische Interpretationen des Christentums, 2006

III. Kirche und die Zeichen der Zeit: Bedrängnis, Aufbruch und Bewahrung

Apostel, Superstar, stummer Prediger, Frankfurter Allgemeine Sonntagszeitung, 3. April 2005, Nr. 13, S. 2
© Alle Rechte vorbehalten. Frankfurter Allgemeine Zeitung GmbH, Frankfurt. Zur Verfügung gestellt vom Frankfurter Allgemeine Archiv.

IV. Zwischen Öffentlichkeit und Intimität: Freundschaft, Liebe und Sexualität

Ulrike und Klaus: Han Spanjaard/Olga ten Hove, Prävention sexueller Gewalt gegen Jungen und Mädchen, Münster: Landesjugendamt vom Landschaftsverband Westfalen-Lippe 1993

Coming-out-Text, aus: Provo, Oberursel, Nr. 3, 1994

V. Schule, Abitur, Beruf – wozu?

Entscheide selbst, aus: Willi Hoffsümmer, Kurzgeschichten 3, Mainz 1992, S. 35

Auer empfiehlt

Die optimale Ergänzung zu diesem Buch:

Matthias Roser

Gott vs. Darwin
Umfassende Materialien zur Kontroverse „Evolution und Schöpfung"

Die Frage „Evolution oder Schöpfung?" wird nicht nur in den Medien heiß diskutiert. Anhand dieser aktuellen Debatte zum Lehrplanthema Gottesbeweis lernen die Schüler neben wissenschaftlichem Arbeiten, kontroverse Positionen zum christlichen Glauben zu überprüfen und besonders das dem Kreationismus zugrundeliegende Bibelverständnis und den „Neo-Atheismus" kritisch zu betrachten.

Dabei entwickeln und reflektieren sie ihren eigenen religiösen Standpunkt und lernen, diesen auch zu vertreten. Gehen Sie gemeinsam mit Ihren Schülern der spannenden Fragen nach, wie sich Glaube und Evolutionstheorie dennoch vereinbaren lassen! Berücksichtigt werden sowohl die evangelische als auch die katholische Perspektive.

Der vorliegende Band ist fundiert recherchiert. Die vielfältigen Unterrichtsmaterialien sind mit methodisch-didaktischem Kommentar versehen und umfassen zahlreiche Quelltexte, Internetlinks, Rechercheaufträge, Arbeitsblätter sowie Ideen, wie die Schüler das Gelernte durch Interviews und Umfragen vertiefen und daraus einen eigenen Beitrag gestalten können.

82 S., DIN A4
▸ Best-Nr. **6216**

www.auer-verlag.de/go/
6216

Blättern im Buch

Download

Leseprobe

Die Reihe „Leben gestalten" im Überblick:

Schülerbände
jeweils 19 x 26 cm, farbig

5. Jahrgangsstufe
144 S.
▸ Best-Nr. **3688**

6. Jahrgangsstufe
176 S.
▸ Best-Nr. **3775**

7. Jahrgangsstufe
144 S.
▸ Best-Nr. **3776**

8. Jahrgangsstufe
160 S.
▸ Best-Nr. **3777**

9. Jahrgangsstufe
192 S.
▸ Best-Nr. **3921**

10. Jahrgangsstufe
164 S.
▸ Best-Nr. **3922**

11. Jahrgangsstufe
ca. 180 S.
▸ Best-Nr. **4963**

Lehrerbände
Unterrichtssequenzen mit Stundenbildern und Kopiervorlagen

5. Jahrgangsstufe
108 S., DIN A4,
(mit CD/ROM*)
▸ Best-Nr. **4119**

6. Jahrgangsstufe
152 S., DIN A4,
(mit CD/ROM*)
▸ Best-Nr. **4332**

7. Jahrgangsstufe
120 S., DIN A4,
(mit CD/ROM*)
▸ Best-Nr. **4540**

8. Jahrgangsstufe
120 S., DIN A4,
(mit CD/ROM*)
▸ Best-Nr. **4964**

*CD-ROM mit Bildmaterial, Arbeitsblättern und Texten

Bestellschein (bitte kopieren und faxen/senden)

Ja, bitte senden Sie mir gegen Rechnung:

Anzahl	Best.-Nr.	Kurztitel
	6216	Gott vs. Darwin

☐ Ja, ich möchte per E-Mail über Neuerscheinungen und wichtige Termine informiert werden.

E-Mail-Adresse

Auer Verlag GmbH
Postfach 1152
86601 Donauwörth

Fax: 09 06 / 73-177
oder einfach anrufen:
Tel.: 09 06 / 73-240
(Mo-Do 8:00-16:00 & Fr 8:00-13:00)
E-Mail: info@auer-verlag.de

Aktionsnummer: 94180

Absender:

Vorname, Nachname

Straße, Hausnummer

PLZ, Ort

Datum, Unterschrift